Septembre 2009

Pour Toi, Marie-Noëlle,
Collègue et Amie fidèle de
Longue date... Ce livre pour
Ton départ vers une autre
Tranche de vie où Tu auras
plus de Temps pour lire et

LA RAISON DU PLUS FAIBLE

réfléchir sur l'avenir de tes
petits enfants - où Tu auras
plus de Temps pour leur
Transmettre Ton expérience et
Ton savoir....

Une Nouvelle vie avec
d'autres activités, d'autres
découvertes, d'autres rencontres...

Je pense à Toi et
T'embrasse Bien Amicalement,

Ta fidèle Amie.
Régine

DU MÊME AUTEUR

Voir p. 251

Jean-Marie Pelt

avec la collaboration de Franck Steffan

La raison du plus faible

Fayard

ISBN 978-2-213-63686-3

Je dédie ce livre à mon ami Philippe Courbon,
homme de cœur, de fidélité et de foi.

Ma grâce te suffit, ma puissance donne toute sa mesure dans la faiblesse.

2 Corinthiens 12, 9

Avant-propos

Ce livre achève une trilogie ouverte par *La Loi de la jungle*[1] et continuée par *La Solidarité*[2]. Dans ces ouvrages parus respectivement en 2003 et 2004, le propos visait à corriger une vision de la nature héritée du XIXe siècle où la griffe et la dent, le sang et les larmes témoignent d'une lutte sans merci et de l'écrasement des faibles par les forts. Or la nature a déployé une vaste panoplie de stratégies pour atténuer l'agressivité qui, si elle l'emportait, l'emporterait avec elle. À travers ses grandes traditions

---

1. J.-M. Pelt, *La Loi de la jungle. L'agressivité chez les plantes, les animaux, les humains* (avec Franck Steffan), Fayard, 2003.
2. J.-M. Pelt, *La Solidarité chez les plantes, les animaux, les humains* (avec Franck Steffan), Fayard, 2004.

philosophiques et religieuses, l'humanité fait de même en prônant l'altruisme et la spiritualité. Tel était le message de *La Loi de la jungle*.

Dans *La Solidarité*, on montrait que les forces de compétition en œuvre dans la nature sont équilibrées par des forces de coopération où la symbiose, le mutualisme et le commensalisme – cet art de partager la nourriture – sont monnaie courante.

Dans ce troisième essai, on voudrait suggérer que la loi du plus fort est une abstraction de l'esprit humain qui s'applique mal à la nature, et mal aussi à la société où souvent les plus forts ne sont pas ceux qu'on pense. En fait, ce distinguo est inopérant, car chaque être vivant, chaque être humain a ses forces et ses faiblesses.

Dans chacun de ces ouvrages, on associe sciences du vivant et sciences humaines, ainsi que des concepts relevant de l'économie et de la politique, de la philosophie et de la spiritualité. Approche peu commune, car tenter des synthèses de ce genre est un exercice risqué et souvent critiqué. Les « spécialistes », bien ancrés dans leurs disciplines, ne manquent pas de débusquer ici et là des imprécisions, voire des « raccourcis » discutables. En élargissant le champ de vision, on risque de manquer le détail. Mais Pascal nous précède dans cette aventure lorsqu'il écrit dans ses *Pensées* : « Puisqu'on ne peut être universel et savoir tout ce qu'on peut savoir sur tout, il faut savoir un peu de tout. Car il est bien plus beau de savoir quelque chose de tout que de savoir tout d'une chose ; cette universalité est la plus belle. »

Prologue

Un lion déambulait le long d'une rivière. De quoi aurait-il eu peur ? N'était-il pas le roi des animaux ? Chemin faisant, il croisa un scorpion et le trouva aussi laid que méprisable. Pourtant, le scorpion s'enhardit à lui adresser la parole. En termes élogieux, il vanta sa force, sa beauté, mais aussi sa légendaire générosité à l'égard des êtres faibles et insignifiants comme lui. Flatté, le félin daigna prêter l'oreille aux propos de la bestiole qui reprit de plus belle la longue litanie de son dithyrambe, insistant sur les multiples qualités et vertus du roi des animaux. Touché au plus profond de son cœur de lion, le fauve n'avait plus rien à refuser à son minuscule compagnon. Aussi, lorsque celui-ci lui demanda de lui faire traverser la rivière sur son dos, car il ne savait pas nager, le félin promit de s'exécuter.

Pourtant, avisé et prudent, le lion subodora qu'une telle requête pouvait cacher quelque piège. Il n'ignorait pas que le scorpion pique et injecte un venin. Le venin, arme des faibles, tout juste bon pour les scorpions et les serpents, pensa-t-il ; arme bien superflue pour lui dont les griffes et les crocs inspiraient la terreur. Il demanda néanmoins au scorpion de s'engager à ne point le piquer tandis qu'il serait juché sur son dos au cours de la traversée. Ce dernier réitéra qu'il ne savait pas nager et que piquer son nautonier reviendrait à se suicider, puisqu'ils couleraient alors l'un et l'autre.

Rassuré, le fauve fit monter le scorpion sur son échine et entreprit la traversée.

Alors que l'autre berge est à portée de patte, le scorpion pique subitement son infortuné passeur et bondit sur le rivage. Récrimination indignée du lion : « Tu n'as pas tenu parole, tu m'as piqué ! » Et le scorpion de rétorquer : « Je n'y peux rien, c'est dans ma nature ! »

Cette fable appartient aux légendes qui se racontent dans le petit monde de l'astrologie. On y insiste, en effet, sur la légendaire générosité du lion, mais aussi sur sa sensibilité à la flatterie, qui ne va pas sans quelque orgueil mal placé. On ajoute que le lion est certes droit, honnête, mais naïf et crédule. À l'inverse, le scorpion et ceux qui sont nés sous son signe n'hésitent pas à user de leur dard. C'est du moins la réputation qu'on leur fait. Leurs stratégies et leurs arrière-pensées restent secrètes, et bien malin qui saurait les décrypter. Comme les voies du Seigneur, celles du scorpion sont impénétrables !

La tradition astrologique veut voir dans le Lion et le Scorpion deux signes forts, mais aux démarches antagoniques. Le premier inspire respect en étalant sa force ; le second évite de brandir son arme mais n'omet pas de s'en servir au bon moment.

Dans cette métaphore, qui donc est le fort ? Et lequel, le faible ? Cette interrogation nous accompagnera tout au long du présent essai.

INTRODUCTION

Mangez-vous les uns les autres

La loi de la jungle, de la nature à la société

En ce temps-là, dans les salons de l'Angleterre victorienne, on évoquait la haute figure de Charles Darwin. Il avait, disait-on, percé les ultimes secrets de la nature. Celle-ci était cruelle et favorisait toujours le plus fort. Y régnait la fameuse « loi de la jungle », cette jungle du sous-continent indien que les Anglais venaient d'annexer définitivement à la Couronne, en 1858, soit un an avant la publication du fameux ouvrage du savant sur le rôle, décisif à ses yeux, de la sélection naturelle dans les mécanismes de l'évolution[1].

En fait, l'oracle darwinien parvenait aux oreilles de ses contemporains par le truchement d'un fidèle compagnon du grand naturaliste, Thomas Henry Huxley. Huxley força le trait : alors que Darwin parlait de l'*avantage* dont bénéficiaient les êtres les mieux adaptés à leur milieu, et donc, pour cette raison, incontestablement les plus forts, Huxley insistait sur cette seconde proposition : les griffes et les crocs des carnivores étaient désormais considérés comme les sanglants symboles de la dure et inflexible loi de la nature. Au reste, ne savait-on pas depuis toujours que les êtres vivants se nourrissent les uns des autres ? « Mangez-vous les uns les autres » : telle est bien, résumée en une formule lapidaire, l'impitoyable relation que les prédateurs entretiennent avec leurs proies.

Le modèle darwinien de la nature ne tarda pas à être plaqué sur la société par les philosophes de son temps. Marx, qui vivait alors à Londres, a rencontré Darwin. En juin 1862, il écrit à Engels : « Ce qui m'amuse, chez Darwin, que j'ai revu, c'est qu'il déclare appliquer

1. C. Darwin, *The Origin of Species*, Londres, John Murray, 1859.

la théorie de Malthus aux plantes et aux animaux. Il est remarquable de voir comment il reconnaît chez les animaux et les plantes sa propre société anglaise, avec sa division du travail, sa concurrence, ses ouvertures de nouveaux marchés et sa malthusienne lutte pour la vie. » Dans une autre lettre à Engels à propos de *L'Origine des espèces*, il renchérit : « Bien que cela soit exposé dans le style rude des Anglais, c'est le livre qui contient les principes d'histoire naturelle adaptés à nos vues. » La théorie de la lutte des classes trouvait désormais sa justification dans les luttes opposant plantes et animaux entre eux.

Mais les libéraux ne demeurèrent pas en reste. Dans la vision darwinienne de la nature, où les grands équilibres résultent mystérieusement de la concurrence entre les espèces formant un écosystème, les disciples d'Adam Smith trouvèrent une justification à sa politique du « laisser-faire » : l'économie idéale était à leurs yeux la suite logique de l'interaction des individus agissant chacun au mieux de leur intérêt propre. Tout se passait comme si une « main invisible » agissait positivement sur la société, assurant son équilibre à partir de ces multiples comportements individuels et concurrentiels. Pour les libéraux purs et durs, on laisse faire, et tout se régule spontanément : n'est-ce pas ainsi que fonctionne la nature ?

Ainsi luttes et concurrences étaient présentées comme les moteurs de l'évolution et il apparaissait que ces « lois » s'appliquaient aussi aux sociétés elles-mêmes.

Le siècle de Darwin fut aussi le siècle de l'Angleterre. Son empire colonial était alors devenu le plus vaste du monde, et Big Ben donnait l'heure à toute la planète. Dans la course à la puissance, Londres avait raflé l'aura que la France des Lumières s'était acquise un siècle plus tôt.

Mais, à l'instar des espèces, les grands empires se substituent les uns aux autres, eux aussi, conformément aux lois de l'évolution. On n'imaginait pas encore, au XIXe siècle finissant, que les États-Unis d'Amérique prendraient le relais au siècle suivant, et moins encore que ceux-ci seraient à leur tour relégués, selon toute vraisemblance, au second rang par la Chine au XXIe siècle. Car le statut de grande puissance n'est ni un caractère acquis, ni une concession à perpétuité. Au fil de toute l'histoire, les puissances aussi ont dû constater qu'on trouve toujours, un jour, plus fort que soi.

L'ARROGANCE D'UNE MULTINATIONALE

Le XXe siècle et plus encore le début du nôtre ont fait la démonstration que la puissance politique est de plus en plus tributaire du pouvoir économique. Naguère, la culture était source du prestige d'un pays, comme dans la France de Voltaire ou la Prusse de Frédéric II ; aujourd'hui, c'est la bonne tenue du monde des affaires. On est désormais entré dans l'ère de la mondialisation, figurée par l'omniprésence et l'omnipotence des grandes multinationales dans le paysage économique de la planète. Alors que la carte des États et des nations semble arrêtée, et même en voie d'émiettement – il n'est que de voir la balkanisation de la Yougoslavie, l'éclatement de l'empire soviétique, le déchirement qui oppose les communautés linguistiques en Belgique, etc. –, le pouvoir économique évolue en sens contraire, se concentrant sans cesse davantage. Cette globalisation de l'économie, décidée par on ne sait trop qui – en tout cas, pas par des politiques –, n'est nullement accompagnée d'une mondialisation politique, d'où l'impuissance des États, fussent-ils les plus grands, à maîtriser des mécanismes financiers planétaires souvent obscurs et qui échappent de plus en plus à leur contrôle. Les institutions financières elles-mêmes peuvent appeler à l'aide les États, implorant leur bénéfique intervention quand tout va mal, comme on l'a vu lors de la crise de l'automne 2008. Car c'est désormais le monde de l'argent qui tient les rênes de la puissance, imposant ses conditions aux États pulvérisés en une mosaïque aux traditions et réglementations souvent contradictoires.

La manière dont la firme Monsanto a imposé au monde entier les OGM en est une illustration. Deux combats, deux victoires ! Le premier combat consista à faire admettre par la communauté internationale le bien-fondé du brevetage des êtres vivants, condition indispensable pour protéger par des brevets les fameux OGM. Le second fut de commercialiser ces OGM dans le monde entier sans en évaluer au préalable, par les méthodes usuelles de la pharmacologie et de la toxicologie, les éventuels effets négatifs sur la santé. On pourrait ajouter à ces deux victoires une troisième : d'être parvenu à rendre illicite l'échange des semences entre agriculteurs, conformément à l'antique privilège reconnu de tout temps aux paysans, leur permettant de réutiliser mais aussi d'échanger leurs propres semences. Ce que Monsanto interdit formellement, estimant que, même achetées, celles-ci restent siennes ! L'objectif de la multinationale est clair et a au moins le mérite de la franchise : nourrir le monde entier grâce à ses semences tout en en interdisant la reproduction, c'est-à-dire détenir à titre exclusif un pouvoir de vie ou de mort et une arme de dissuasion à portée universelle, car qui oserait cracher dans la main qui le nourrit ?

Quels moyens, pour les agriculteurs et les consommateurs, de s'opposer à un tel pouvoir ? Pourtant, face à ces ambitions démesurées, d'aucuns ont réagi. Malgré plus de dix ans d'un lobbying forcené, les OGM ne sont toujours pas parvenus à s'implanter en Europe. Les consommateurs, ceux qui sont au bout de la chaîne alimentaire, les faibles, donc, se sont ligués, manifestant sondage après sondage une opinion globalement défavorable aux OGM. Jusqu'ici, David a su résister à Goliath. Mais les consommateurs sont-ils bien à l'extrémité de la chaîne alimentaire ? Ou, quand ils décident souverainement de leurs achats, ne seraient-il pas au contraire les détenteurs du pouvoir en dernière instance, celui de répondre par oui ou par non aux pressantes avances que leur adresse la multinationale ? Ces consommateurs ont su réagir. Ils ont réclamé et obtenu l'étiquetage des produits contenant des OGM. Ils n'en veulent pas. Ils leur ont dit non.

Finalement, comme dans la fable du lion et du scorpion, qui est ici le fort, qui le faible ? La Fontaine, pour sa part, semble hésiter. Dans

Le Loup et l'Agneau, il ouvre son propos en assenant cette évidence : « La raison du plus fort est toujours la meilleure » ; le loup dévore l'agneau et la messe est dite. Mais les rapports s'inversent dans *Le Chêne et le Roseau* où le plus faible n'est pas du tout celui qu'on pense. Puis le fabuliste relativise la force des forts lorsqu'il montre, dans *Le Lion et le Rat*, qu'« on a toujours besoin d'un plus petit que soi » ; que ferait en effet le lion pris dans ses filets si, en les grignotant, le rat ne lui rendait la liberté ?

Le langage courant résume les lois de la nature et de la société en formules lapidaires : « Je fais ma place au soleil, quitte à te faire de l'ombre », « Ôte-toi de là que je m'y mette », etc. Ce « chacun pour soi » se traduit, dans le parler trivial, par : « ce n'est pas mon problème », ou encore : « J'en ai rien à cirer... » En termes plus choisis, le libéralisme se fonde sur la seule réussite individuelle. Il est fils de l'individualisme qui sous-tend la pensée des Lumières, où le citoyen est adulé et la communauté suspectée. Telle semble être encore la matrice de nos sociétés.

QUAND L'HOMME AFFAIBLIT LES FORTS...

Pourtant, cette affirmation est à la fois vraie et fausse. Vraie, car l'instinct de vie primordial conduit en effet chacun à vouloir se ménager une place au soleil ; fausse, parce que des forces de coopération existent dans la nature et au sein de la société, qui atténuent la rudesse des compétitions. La vision écologique de la nature nous la présente comme un tout cohérent dont chaque unité vit en étroite interrelation de compétition et de coopération avec toutes les autres. Chaque individu, chaque espèce jouent leur partition dans la grande symphonie de la vie. Certes, de notre point de vue strictement humain, il peut advenir que dans ce concert nous percevions davantage les sons de tel ou tel instrument. Si le batteur tape fort, c'est lui qui captera notre attention. Dans la nature, ceux qu'on voit d'abord sont les plus gros, les plus grands, avec lesquels nous rivalisons par notre gabarit, qui fait de nous de « grosses bêtes », mais surtout par notre intelligence. Nous avons la taille, mais aussi la ruse que n'ont pas au même degré les grands mammifères, et moins encore les grands arbres. Donc – mais toujours à nos yeux –, nous sommes bien les plus forts. Nous jetons un regard condescendant sur les océans où s'agitent les baleines bleues, qui, avec leurs trente mètres de long, sont les plus gros animaux vivants. Levant la tête, nous mesurons la bonne centaine de mètres de haut des séquoias californiens ou des eucalyptus géants d'Australie. Dans tous ces cas, nous savons que la taille dominante ne suffit pas à l'emporter sur l'intellect.

Il est une autre manière de dominer : occuper le sommet de la pyramide alimentaire, là où se tiennent les grands carnivores, le lion dont nous avons fait le roi des animaux, le loup qui fut longtemps notre ennemi héréditaire. Ceux-ci ont paru les plus forts – du moins le pensions-nous – parce qu'ils passaient pour les plus cruels. Mais nous leur avons ravi ce statut. Réfugiés dans les parcs et les zoos, ces grands prédateurs sont de plus en plus menacés, dans la nature, du fait de l'énorme pression que nous exerçons sur elle. Le sort de l'ours polaire, mis en danger par la fonte des banquises, est tout aussi incertain. Les tigres, dont il ne reste plus que quelque 8 000 individus entre les îles indonésiennes et la Sibérie, sont de plus en plus rares, de même que les léopards des neiges qui ne sont plus que 4 000 dans les montagnes d'Asie centrale. Quant aux grands singes anthropomorphes, ceux qui nous ressemblent le plus, leur situation n'est pas plus enviable :

ils partagent le sort de tous les primates, dont 48 % des 634 espèces sont menacées d'extinction. Seuls les gorilles semblent s'en tirer.

Voici donc que, dans le règne animal, ceux que nous tenions pour les plus forts ne cessent de s'affaiblir. Singulier paradoxe : par nos propres œuvres, nous transformons en « faibles » ceux que nous considérions comme les moins vulnérables. Dès lors que nous exerçons sur eux notre domination, il en découle que oui, vraiment, les plus forts, c'est bien nous, les humains.

Mais forts pour combien de temps ? Quel avenir pour notre propre espèce ? En détruisant la nature, ne creusons-nous pas notre propre tombe ? L'antique sagesse des nations nous invite à plus de sobriété et de modestie ; à considérer avec réserve et méfiance la force et la puissance, qui, comme s'imbriquent le *yin* et le *yang,* pourraient aussi bien générer pauvreté et faiblesse. Ne pesons-nous pas trop lourd sur le monde vivant dont nous sommes partie prenante ? Des principes, on dit parfois avec humour qu'à force de s'appuyer sur eux ils finissent par céder. Et si la nature venait à céder sous notre poids et disparaître ? Et nous avec ?

LA FORCE QUI DÉTRUIT

Surgissent d'autres questions : la force ne serait-elle pas intrinsèquement destructrice ? Les animaux que nous considérons comme forts, les prédateurs, mangent ceux que nous considérons comme faibles, leurs proies. Mais, de par la domination que nous exerçons sur la nature, nous détruisons les uns et les autres.

À y regarder de plus près, dans la pyramide écologique les prédateurs trônent certes au sommet, mais ils ne subsistent que par leurs proies situées en dessous d'eux. À l'inverse, les proies qui sont à la base de la pyramide sont capables de subsister sans avoir nul besoin de leurs prédateurs. En fait, elles s'en passeraient même fort bien ! Plus que le fort, le faible se suffit à lui-même ; il exige moins que le premier de s'appuyer sur plus faible que soi pour exister.

En définitive, la nature met les uns et les autres, y compris les humains, dans une position de stricte égalité : tous sont appelés à mourir, les individus comme les espèces auxquelles ils appartiennent. Seul, pour le croyant de toute confession, l'Éternel est fort, encore qu'il se fasse discret, au point même que l'on puisse douter de son existence. Faiblesse de Dieu... ? Le prophète Élie, épuisé et découragé, croyait trouver Dieu dans la violence d'un ouragan, la puissance de la foudre, le fracas d'un tremblement de terre, comme il convient à l'Être suprême, maître des forces de la nature. Or l'Éternel se révéla à lui par une brise légère [1]...

L'apologie de la force et notre propre orgueil projettent sur la nature des sentiments qui n'appartiennent qu'à nous. Il ne nous sera sans doute jamais permis d'entrer dans l'intimité secrète de nos frères végétaux ou animaux. Gageons cependant qu'ils ne théorisent pas les rapports de force qu'ils entretiennent entre eux dans la compétition pour la nourriture, le territoire, les partenaires sexuels !

Tout a été dit sur les énergies compétitives à l'œuvre dans la nature et que nous ne cessons de glorifier au sein de nos sociétés. En revanche, on connaît moins l'importance des forces de coopération et de solidarité qui, lorsqu'elles jouent à plein parmi ceux que nous désignons comme les plus faibles, confèrent à ces derniers l'aptitude à se liguer selon l'adage : « L'union fait la force ». Associés, ils deviennent alors capables des plus merveilleuses trouvailles et des plus brillantes performances.

---

1. 1 Rois 19, 11-13.

PREMIÈRE PARTIE

Dans la nature...

On va dans les étoiles
et on ne sait toujours pas
ce qui se passe sur le talus
en face de chez soi...

Jean GIONO

CHAPITRE PREMIER

Le monde fabuleux des bactéries

Les bactéries ont été les seuls êtres vivants à peupler les océans pendant plus de 2 milliards d'années ; la vie elle-même ayant 3,5 milliards d'années, le temps des bactéries est donc plus long que toute l'histoire de l'évolution biologique qui a suivi. Quant aux continents, ils étaient alors stériles, comme la Lune.

L'ADN, UN COUP DE GÉNIE

C'est aux bactéries que revient le mérite du premier grand coup de génie de la vie : l'invention de la molécule d'ADN et du code génétique commun à tous les vivants. Sa présence dans toutes les cellules vivantes, de la plus simple à la plus complexe, témoigne de l'unité profonde du phénomène vivant sur la planète.

Pourtant, le mystère persiste de l'origine de cette « invention ». Quand et comment s'est élaboré ce système extraordinairement subtil qui permet à la longue molécule d'ADN de programmer la formation des protéines, ces briques indispensables à la construction et au fonctionnement de quelque être vivant que ce soit ? Les darwiniens de stricte observance considèrent que l'agencement de ces molécules complexes s'est effectué par pur hasard lorsque leurs éléments constitutifs se rencontraient au sein des océans primitifs. Mais les mathématiciens nous apprennent que pour élaborer une structure chimique aussi sophistiquée, il aurait fallu des « milliards de milliards de milliards de milliards » d'associations et de dissociations de molécules, durant de non moins nombreux milliards d'années. Selon Trinh Xuan Thuan [1], pour que l'ADN et la vie apparaissent si vite (!), il fallut, dès le big bang, un réglage extrêmement précis de tous les paramètres physiques, une précision qui serait celle d'un archer qui réussirait à planter une flèche dans une « cible d'un centimètre carré placée à 15 milliards d'années lumière de distance » ! Pourtant, la vie a mis un coup au but dès son

1. Trinh Xuan Thuan, *Le Chaos et l'Harmonie*, Fayard, 1998.

démarrage en inventant l'ADN avec les bactéries.

Les physiciens ne sont pas en reste et se heurtent à un autre mystère. Ils ne parviennent toujours pas à remonter à l'instant précis du big bang. Plus ils s'en rapprochent, plus les lois de la physique se révèlent inopérantes pour réussir le tir au but. Heidegger n'avait donc pas tort de penser que « les origines se cachent sous les commencements ».

La découverte des « petites vies »

Le langage populaire reconnaîtrait aux bactéries d'avoir « fait très fort » en inventant l'ADN, d'autant plus qu'elles sont si petites qu'elles passèrent inaperçues jusqu'à il y a trois siècles à peine. Antoni van Leeuwenhoek, un tranquille maître drapier de Delft, en Hollande, les découvrit sous un microscope de son invention. L'ingénieux drapier n'aurait pas manqué de gagner le concours Lépine pour avoir transformé son simple compte-fils, instrument indispensable dans les métiers du textile, en une loupe plus puissante et plus sophistiquée. Examinant en 1674 une goutte d'eau, il observa une multitude d'animalcules nageurs, mobiles et agités. L'existence de ces êtres microscopiques – ainsi nommés puisqu'ils devaient au microscope d'avoir été découverts – n'avait jamais été imaginée jusque-là. On les définit comme de petits êtres, de « petites vies » que l'on baptisa plus tard « microbes ». Le terme a été proposé par le médecin Claude Sédillot, contemporain de Pasteur, dans une communication du 11 mars 1878 à l'Académie des sciences. Il vient du grec *mikrobios*, qui signifie « vie petite » ou « vie courte ». Brève, ces vies le sont en effet, puisqu'une bactérie se divise en deux toutes les vingt minutes en moyenne. Ainsi peuvent-elles proliférer, dans un milieu nutritif suffisamment riche, jusqu'à produire un milliard de descendantes en une seule nuit, et un milliard de milliard en vingt-quatre heures. Mais le manque de nourriture finit toujours par stopper l'expansion exponentielle de ces petits êtres.

Sans compter que les bactéries, comme tous les êtres vivants, peuvent mourir avant de se diviser ou se reproduire. Le défi est le même pour tous : mourir en bas âge avant de s'être reproduit, ou mourir après avoir laissé une descendance. Sauf que la bactérie, elle, se dissout dans sa descendance, puisqu'elle se divise en deux bactéries qui chacune en donne à nouveau deux, et ainsi de suite. C'est ce qu'on appelle la scissiparité. Cette précipitation à se reproduire est contrebalancée, lorsque les conditions de vie deviennent déplorables, par la capacité de « s'endormir » et de subsister ainsi à l'état de « spore ». Ces spores sont susceptibles d'attendre très longtemps que des conditions favorables à la vie se manifestent à nouveau. Elles reprennent alors leurs divisions. Les spores sont une spectaculaire invention de la vie qui réussit à se mettre ainsi en conserve, ce à quoi rêvent en vain les humains lorsqu'ils s'imaginent en Hibernatus, cryogénisés pour revenir plus tard. Mais dans combien de temps... ?

OÙ LA VIE EST MISE EN CONSERVE

Des spores bactériennes auraient retrouvé vie – quoiqu'il faille ici employer le conditionnel – après avoir séjourné pendant 31 mois sur la Lune... On les a mises en évidence sur une sonde partie trois ans plus tôt et dont les éléments ont été ramenés sur la Terre après ce long séjour sur le sol de notre satellite. Comment s'y sont-elles prises pour résister au rayonnement cosmique, au vide total, à des écarts de température de plus de 300°C entre le jour et la nuit lunaires, ainsi qu'à une totale absence d'eau et de nourriture ? Pourtant Peter

Conrad, commandant de la mission Apollo 12, est formel : cette bactérie ne résulterait pas d'une contamination. Elle aurait bien survécu sur la Lune [1].

Plus extraordinaire : est-il exact que des spores bactériennes extraites des tissus d'une abeille fossilisée et conservée vitrifiée dans de l'ambre depuis 40 millions d'années ait retrouvé vie dans un milieu de culture en laboratoire ? Mieux encore : est-il vrai que dans de minuscules gouttes d'eau prisonnières dans du sel cristallisé dans des mines du Nouveau Mexique depuis 250 millions d'années, on ait pu trouver des bactéries qu'on aurait fait revivre en culture [2] ? Ces résultats ont pu être critiqués, certains y voyant l'effet d'une simple contamination du matériel traité, mais ils n'en ont pas moins été publiés dans les meilleures revues scientifiques.

Les bactéries seraient-elles quasi immortelles ? Et que dire de leurs incroyables capacités à vivre dans des conditions extrêmes ? *Deinococcus radiodurans* est capable de survivre à une dose de radioactivité trois mille fois supérieure à celle qui suffirait à tuer un homme ! Une guerre nucléaire serait parfaitement

1. Peter Conrad, sur le site de la Nasa.
2. *Science News*, nº 24, 12 juin 1999.

capable de détruire l'humanité. Si cela se produisait, la vie se perpétuerait ainsi sans nous. Bactéries, blattes et scorpions survivraient, tout comme ils ont résisté aux grands cataclysmes qui, dans l'histoire de la vie, ont décimé la plupart des espèces. En l'occurrence, leur résistance à la radioactivité est déconcertante. Certains microbes résistent à des températures voisines du zéro absolu, soit -271 °C, tandis que d'autres se complaisent dans l'eau bouillante ou supportent des pressions énormes, enfouis à plusieurs kilomètres sous terre.

L'INTESTIN EST LE SOL DE NOTRE CORPS

Envolée, l'idée qu'on est faible parce qu'on est petit ! Chez les bactéries, c'est tout le contraire. Certaines présentent des capacités de résistance sans commune mesure avec ce qu'est capable de supporter n'importe quel être vivant.

Au demeurant, que ferions-nous et que serions-nous sans elles ? On n'en finirait pas de lister les services qu'elles rendent. Elles ont su habilement coloniser notre corps qui contient dix fois plus de bactéries que de cellules : nous sommes minoritaires chez nous ! L'intestin, la peau, la bouche accueillent de larges populations bactériennes qui, par le jeu des mécanismes compétitifs, compliquent la tâche de ces autres bactéries, mal intentionnées et pathogènes, qui, en nous colonisant à leur tour, pourraient nous nuire. Les bactéries intestinales sont les homologues des bactéries du sol : elles transforment le bol alimentaire en molécules simples absorbées par la paroi intestinale. Dans le sol, elles décomposent l'humus en molécules aisément assimilables par les racines. On les considère donc comme les agents actifs du sol nutritif de notre corps : l'intestin.

Aux ruminants, dépendants des bactéries pour transformer la cellulose des plantes en sucres assimilables – ce que nous ne savons pas faire –, elles confèrent le statut d'herbivores. Leur estomac à quatre chambres offre un efficace milieu de culture dans lequel vivent des bactéries fermentaires : sans celles-ci, adieu veaux, vaches, moutons ! Tous mourraient de faim. Mais, grâce à cette symbiose avec les bactéries, les ruminants se portent au mieux.

L'association entre les bactéries et les ruminants illustre la capacité de ces « petites vies », les microbes, à vivre en symbiose, domaine dans lequel elles excellent. La symbiose est un mode de vie qui fait la force des faibles en les unissant à d'autres au sein de nouvelles entités plus performantes. C'est l'une de ces symbioses qui donna à la vie l'impulsion nouvelle qui devait changer la colonisation de la planète en donnant naissance à des êtres vivants de plus en plus complexes.

LA CELLULE : ENCORE UN COUP DE GÉNIE !

Il y a un milliard d'années, voire un peu plus, un miracle se produisit au sein des océans où la vie continuait d'être reléguée. Plusieurs bactéries s'associèrent, donnant naissance aux premières cellules caractéristiques des plantes et des animaux : les cellules à noyau ou « eucaryotes », celles-là mêmes qui constituent notre corps.

Une bactérie chlorophyllienne (cyanobactérie) décida de partager sa vie avec une autre bactérie sans doute beaucoup plus grosse. S'associa à ce processus symbiotique une troisième bactérie spécialisée dans la production d'énergie, car possédant un métabolisme adapté à cette fin. Ainsi naquit la première cellule végétale avec son chloroplaste, la bactérie chlorophyllienne apte à faire la photosynthèse, et sa mitochondrie, usine énergétique de cette cellule.

Dans certains cas, le processus symbiotique alla plus loin encore. Un quatrième micro-organisme, en forme de virgule ou de tire-bouchon, vint rejoindre le trio : c'est l'ancêtre du flagelle, servant à ces premiers organismes unicellulaires à se mouvoir dans l'eau des océans, et dont le cil de nos spermatozoïdes reste le témoin, un milliard d'années plus tard.

Cette extraordinaire symbiose, mise en lumière par la biologiste américaine Lynn Margulis [1], est aujourd'hui communément admise par la communauté scientifique. Elle est la seule hypothèse crédible concernant l'apparition des premières cellules à noyau. La vie est passée par là du stade des bactéries, cellules minuscules et sans noyau, à celui des êtres monocellulaires à noyau, dotés ou non de chlorophylle, et que l'on range, selon ce critère, parmi les végétaux ou les animaux.

Puis les cellules eucaryotes s'organisèrent entre elles, formant les êtres multicellulaires – dont nous sommes –, les mêmes mécanismes symbiotiques créant des entités de plus en plus complexes.

---

1. Lynn Margulis et Dorion Sagan, *L'Univers bactériel*, Albin Michel, 1989.

La morale du scénario mis en scène par Lynn Margulis est claire : quand quatre bactéries s'associent, elles ouvrent une nouvelle étape de l'histoire de la vie. Car la symbiose est toujours créatrice et constitue un processus essentiel de l'évolution. Elle est l'arme des petits, des faibles qui s'unissent pour faire plus, mieux ou autrement.

Un étrange scénario a été mis en scène par un biologiste de l'université du Tennessee, Kwang Jeon [1]. En 1966, ce chercheur découvrit que des amibes cultivées dans son laboratoire étaient parasitées par des bactéries. La plupart d'entre elles périrent, mais quelques-unes survécurent sans pour autant s'être débarrassées de leurs hôtes bactériens. Il semblait même qu'elles en contrôlaient le nombre par un processus analogue aux quotas d'immigration, digérant les bactéries en surnombre. Ce chercheur venait de découvrir le passage du parasitisme à la symbiose. Il le prouva par une expérience concluante : partant d'une amibe intacte qui n'avait jamais été infectée par une bactérie, il en préleva le noyau et le remplaça par celui d'une amibe qui vivait depuis des années en compagnie de bactéries ; cette amibe

1. Voir Martine Castello et Vahé Zartarian, *Le Grand Roman des bactéries*, Albin Michel, 2005.

ainsi modifiée ne parvint pas à survivre. En revanche, s'il la réinfectait par des bactéries, l'amibe recouvrait sa vitalité, elle se remettait à prospérer et à se diviser. La cohabitation avec les bactéries lui était devenue indispensable.

On imagine aisément le profit que deux êtres peuvent tirer de l'établissement entre eux d'une symbiose : l'addition de leur patrimoine génétique rend le symbiote – fruit de cette symbiose – capable d'effectuer des performances qu'aucun des deux partenaires n'eût pu réaliser seul. Pascal disait déjà que « le tout est plus que la somme des parties », et l'on connaît le phénomène d'émergence de propriétés nouvelles lié à des gains de complexité. Teilhard de Chardin insista sur ce point en montrant que la vie est née d'une extrême complexification de la matière, en l'occurrence l'ADN, découvert deux ans avant sa mort. De même, c'est d'une formidable complexification du cerveau qu'est née la conscience. Teilhard parlait du « pas de la vie » et du « pas de l'esprit » : à chaque fois, un immense pas en avant, le franchissement d'un seuil décisif.

On peut dès lors imaginer que la vie s'est développée comme une sorte de jeu de construction agençant de petites entités, réalisant par symbiose des entités nouvelles.

Ensuite seulement intervint la sélection naturelle, autre mécanisme fondamental qui allait trier et conserver les symbioses performantes, en éliminant les autres. Bref, la vie crée par symbiose et trie par sélection.

Il est regrettable que la biologie moderne soit si peu attentive aux symbioses, et si obnubilée par la sélection. On ne compte plus les êtres vivant en symbiose comme, par exemple, les lichens ou les coraux. Un lichen est un être double chez qui coexistent et coopèrent des cellules algales et les filaments d'un champignon. Dans le cas des coraux, des algues font de même avec des animalcules, les polypes. « Passer un contrat d'entraide » avec plus petit que soi pour aller vers une symbiose est généralement tout bénéfice pour les deux partenaires. On pourrait multiplier ces exemples à l'infini. Tenons-nous-en, pour l'instant, aux seules bactéries avec cette belle histoire que nous rapportent Martine Castello et Vahé Zartarian[1].

---

1. *Ibid.*

UN CALAMAR AU CLAIR DE LUNE

C'est celle d'un calamar hawaïen qui ne prise guère la lumière puisque, durant le jour, il se cache sous le sable des hauts-fonds marins. La nuit, il remonte à la surface pour trouver sa nourriture. Mais notre calamar n'est pas romantique et redoute les clairs de lune des îles Hawaï, fort périlleux pour lui. En se déplaçant à la surface de l'eau, il projette sur le fond une ombre qui permet à ses prédateurs nageant sous lui de le repérer et de le happer. Le calamar a donc trouvé une parade à cette menace. Il s'est transformé en émetteur légèrement lumineux produisant une lueur diffuse qui se confond avec les reflets de la lune sur l'eau. Impossible dès lors de le repérer et de l'attaquer : il est devenu invisible. Pour produire sa lumière, le calamar a besoin de l'aide d'une bactérie appropriée : *Vibrio fischeri*, un vibrion proche de celui, plus redoutable, qui provoque le choléra. Les vibrions, comme leur nom l'indique, « vibrionnent », affectant la forme d'une virgule. Les jeunes calamars viennent au monde sans leurs vibrions symbiotiques. Il leur faut aller les pêcher en mer. D'habiles processus d'attraction chimique attirent les vibrions vers le calamar qui leur réserve un organe *ad hoc*. Les vibrions se dirigent vers cet organe spécialisé, s'y introduisent, perdent leur flagelle, s'immobilisent, réduisent leur taille et commencent à émettre une lumière qui se confond avec l'éclat de la lune. Voilà le calamar camouflé et les vibrions à l'abri à l'intérieur d'un hôte qui leur assure protection et nourriture.

Expertes en matière de symbiose, les bactéries vivent dans une féconde promiscuité. À les voir s'agiter dans une goutte d'eau, la vie nous apparaît comme un phénoménal ballet : des êtres minuscules se reconnaissent par des émissions chimiques, mais parfois aussi par des ondes électromagnétiques, ils se rapprochent, s'assemblent ou cohabitent, se rendant des services mutuels.

L'écologie se définit comme la science des interdépendances entre les êtres vivants résultant des relations qu'ils entretiennent entre eux : relations antagonistes dans la compétition pour la nourriture, le territoire, le partenaire sexuel ; mais relations amicales comme dans le vaste monde des symbioses, du mutualisme et du commensalisme où la nourriture est judicieusement partagée.

LE « LIBRE ÉCHANGE » DES GÈNES

Mais, dans le monde des bactéries, ce qui surtout est partagé, ce sont les gènes. Contrairement aux cellules à noyau résultant du processus symbiotique précédemment évoqué, les bactéries sont des cellules minuscules, dépourvues de noyau, où le matériel génétique, l'ADN, flotte dans le cytoplasme qui forme l'unique chromosome de ces micro-organismes. Les biologistes ont retenu ce critère pour distinguer le monde bactérien (procaryotes) du monde des cellules à noyau (eucaryotes). Dans les cellules à noyau, le matériel génétique est stocké dans un nombre plus ou moins élevé de chromosomes enfermés dans le noyau et incapables de s'en échapper. En revanche, chez les bactéries dépourvues de noyau, l'unique chromosome est en quelque sorte libre de ses mouvements. Cette différence radicale dans le mode de construction de la cellule bactérienne et de la cellule à noyau entraîne une conséquence majeure : les cellules bactériennes peuvent s'échanger du matériel génétique par simple contact. Elles pratiquent le « libre échange » des gènes, ce que ne peuvent faire les cellules à noyau. Chez celles-ci, le seul contact possible entre des gènes issus de cellules différentes s'effectue par la sexualité, lorsque les gamètes mâle et femelle se rencontrent pour former un œuf. Dès lors, pas question pour une plante, pour un animal, pour un humain de récupérer un gène favorable et qui l'arrangerait – déterminant, par exemple, une insensibilité à un allergène ou à une maladie – par simple contact avec un individu possédant ce gène. Certes, le grand espoir des thérapies géniques serait de parvenir à transférer par de délicates opérations de transgénèse des gènes utiles à des malades qui en sont dépourvus, ou de réparer tel ou tel gène défaillant chez des malades atteints de maladies héréditaires. Nous en sommes, hélas, encore loin.

La capacité des bactéries d'échanger spontanément leurs gènes par simple contact leur offre un avantage considérable. On sait l'effort déployé depuis plus d'un demi-siècle pour vaincre les bactéries pathogènes grâce aux antibiotiques. Ils ont éloigné, au moins dans les pays riches, le spectre de la peste et du choléra, mais aussi de la diphtérie, de la pneumonie, de la méningite, de la typhoïde, de la tuberculose, de l'anthrax, de la gangrène, etc. Pourtant, de nouvelles inquiétudes se font jour : ces bactéries deviennent de plus en plus résistantes aux antibiotiques mis en œuvre pour les détruire, et les perspectives de trouver de nouveaux antibiotiques plus performants semblent malheureusement s'estomper. Les résistances acquises le sont précisément par la capacité d'échange des gènes correspondants entre une bactérie résistante et une autre qui ne l'est pas mais le devient. Une bactérie devenue résistante communique très facilement à une autre, par simple contact, ce gène salvateur. Les gènes de résistance se propagent aujourd'hui si rapidement que certaines bactéries, comme le staphylocoque doré, sont parvenues à devenir résistantes à tous les antibiotiques.

Le monde bactérien illustre une étonnante fluidité de la vie qui se perpétue grâce à de salutaires échanges d'informations. Plus grosse, plus lourde, la cellule à noyau est incapable de telles performances. Ce constat doit toutefois être tempéré depuis qu'ont été mis en évidence les « transferts horizontaux » de gènes entre cellules et organismes différents, grâce à l'action de micro-organismes qui peuvent réussir d'authentiques transgénèses.

Comme en attestent des données vieilles de 1 500 ans, on s'étonne depuis longtemps de l'étrangeté des faux de Verzy, ces hêtres de la forêt de la Montagne de Reims, dont les branches épousent la forme du tire-bouchon : on les appelle « tortillards ». Ce caractère est génétique et transmis à la descendance. Mais plus étrange encore est le fait que d'autres espèces d'arbres de cette forêt, des chênes et des châtaigniers, prennent la même allure. L'information génétique est passée là d'une espèce à une autre – ce qui contredit la notion même d'espèce, essentiellement caractérisée par un patrimoine génétique héréditaire et incommunicable à des individus d'espèces différentes. Car c'est là la définition même, le critère absolu d'appartenance à une espèce : un animal n'échange rien de son patrimoine génétique avec un animal d'une autre espèce. Point d'interfécondité entre des individus d'espèces différentes : le centaure est un mythe, non une réalité biologique ! Il n'en reste pas moins que ces transferts horizontaux semblent exceptionnels, tandis que le « libre échange » des gènes pratiqué par les bactéries exprime leur manière ordinaire d'exister.

Petites, dynamiques, résistantes, omniprésentes, les bactéries forment un monde où l'art d'échanger, de partager, de vivre ensemble est poussé à son paroxysme. Tel est le privilège des tout petits, des « petites vies » : les microbes.

Pendant plus de deux milliards d'années, ils se sont passés des plantes, des animaux, des humains qui pourtant seraient parfaitement incapables de vivre sans eux. Que serions-nous en effet sans les services qu'ils nous rendent ? Plus de vin, plus de bière, puisque ces breuvages résultent de la fermentation par une levure – en fait, un champignon microscopique – capable de transformer des jus sucrés en alcool. Plus de fromage, plus de yaourt, et d'ailleurs plus de viande puisque les ruminants assimilent la cellulose de l'herbe par le biais des fermentations bactériennes produites dans leur rumen.

Mais, dira-t-on, il nous resterait encore les plantes pour nous nourrir ? Certes non, car plus de microbes, plus de plantes, comme nous l'allons voir dans un prochain chapitre en mettant en scène les admirables symbioses entre micro-organismes et végétaux.

Comment les bactéries ont transformé la Terre

Nous sommes donc parfaitement tributaires des bactéries. Nous leur devons tout, et d'abord notre propre existence. Car le monde animal, dont nous sommes, est un cadeau que les bactéries ont offert à la Terre. Il y a sans doute plus de 3 milliards d'années apparaissaient dans les océans primitifs les cyanobactéries. Ces bactéries vertes, pourvues de chlorophylle, enclenchèrent le processus de la photosynthèse : elles combinèrent, grâce à l'énergie solaire captée par cette chlorophylle, le gaz carbonique, très abondant dans l'air à l'époque, à l'eau des mers pour fabriquer de la matière vivante végétale. Mais cette géniale synthèse entraînait l'élimination d'un déchet gazeux : l'oxygène. Celui-ci, en se dissolvant dans l'océan, oxyda les métaux alors présents en abondance dans la jeune écorce terrestre. Ils donnèrent les oxydes de fer (la rouille), les silicates et tant d'autres roches. Ce processus dura un milliard d'années. Lorsque tous les métaux furent oxydés, l'oxygène resta en solution dans l'océan, puis commença à se dégager dans l'atmosphère. Débuta alors la première grande crise de la vie. Les bactéries, ayant vécu jusque-là sans oxygène – en anaérobiose –, moururent sous l'effet de ce gaz toxique pour elles, ou se cachèrent dans la boue des marécages et des fonds marins non oxygénés. D'autres s'adaptèrent : ce sont les aérobies que nous connaissons aujourd'hui. Comme nous, elles vivent en milieu oxygéné.

L'oxygène continuant à se dégager, l'atmosphère changea. Des atomes d'oxygène se combinèrent par trois pour former la molécule d'ozone, et du coup, la fameuse « couche » responsable du bleuissement du ciel, resté gris jusque-là. Cette couche, en absorbant le rayonnement ultraviolet du soleil, permit désormais à la vie de se développer en surface, dans les mers, puis, plus tard – il y a 430 millions d'années –, sur les continents. L'oxygène, en permettant la respiration, autorisait désormais la vie animale, donc la nôtre, tandis que l'ozone nous protégeait des dangereux ultraviolets solaires. Nous pouvions donc exister.

Les bactéries n'ont jamais eu besoin de nous, mais nous ne serions pas là sans elles.

Dans ce processus, qui est le plus fort ? Nous qui sommes juchés en équilibre instable au faîte de la grande pyramide de la Vie, où celles qui, solidement et durablement implantées à ses racines, nous portent... et nous supportent ?

CHAPITRE 2

Arbres et champignons : un destin partagé

UNE VALSE À TROIS TEMPS

L'histoire se raconte en trois temps.

Dans le premier, il s'agit d'une plante seule, herbe ou arbre. Dans le sol, les racines puisent l'eau et les sels minéraux nécessaires à la construction de l'organisme. Chez l'arbre, ces nutriments montent par capillarité dans les vaisseaux du tronc et des branches pour arriver jusqu'aux feuilles. Là, l'eau se combine au gaz carbonique de l'air, pénétrant par les stomates – étymologiquement : les « bouches » – qui s'ouvrent à la surface des feuilles. La combinaison des molécules d'eau, du gaz carbonique et des sels minéraux aboutit à la synthèse de la matière vivante. Cette synthèse nécessite un apport d'énergie : le soleil en est la source, et les minuscules grains verts de chlorophylle, les capteurs. Tel était le fonctionnement d'un végétal comme on l'enseignait encore aux alentours des années 1950.

Puis vint un deuxième temps. On découvrit que les radicelles du végétal sont recouvertes de vastes populations bactériennes et reliées à de microscopiques filaments de champignons ; les uns et les autres aident la plante à prélever les éléments minéraux du sol, agissant ainsi comme des nourrices. Les filaments dits « mycéliens[1] » prolongent la capacité des racines à puiser l'eau et les nutriments contenus dans le sol, notamment l'ion phosphate difficilement capté par les racines et indispensable à la synthèse de l'ADN. Cette molécule combine en effet des phosphates provenant du sol et un sucre élaboré dans les feuilles : le désoxyribose, ainsi que des bases azotées. Mais les filaments de champignons progressent dans le sol en l'absence de toute lumière ; ils sont blancs et ne contiennent pas de chlorophylle. Ils sont donc incapables d'effectuer la photosynthèse, travail qui ne s'accomplit qu'à l'air et à la lumière, dans les feuilles. Comment ces minuscules filaments peuvent-ils alors se nourrir ? Simplement en recueillant dans la sève descendante élaborée par les feuilles, et destinée à nourrir les racines, les aliments dont ils ont

1. Du grec *mukès*, « champignon ».

besoin. Le champignon apporte à la plante l'eau et les sels minéraux, et la plante lui offre en retour des nutriments organiques, des sucres notamment. On venait de mettre au jour l'une des plus belles symbioses du monde végétal : l'arbre, l'herbe ne sont plus seuls ; ils vivent en étroite association avec des filaments de champignons.

Vint alors le troisième temps de cette chronique. Il y a une dizaine d'années, on s'aperçut que des champignons appartenant à des espèces différentes s'imbriquaient étroitement dans le sol avec les racines d'herbes ou d'arbres d'espèces également différentes pour constituer un inextricable réseau mettant en relation les individus végétaux formant un écosystème : une prairie ou une forêt, par exemple. Cette découverte coïncida avec l'émergence d'Internet, réseau fonctionnant sur le même modèle. Dans le sol, il existait bien une « toile » distribuant la nourriture comme Internet distribue l'information. Nourriture organique, ici ; nourriture intellectuelle, là ! En découlèrent une multitude d'observations et de découvertes plus surprenantes les unes que les autres.

DES HERBES HANDICAPÉES

La monotrope est une petite herbe dont les fleurs, comme son nom l'indique, pendent toutes du même côté. Herbe étrange, d'un blanc jaunâtre, dépourvue de parties vertes. Cette plante « handicapée » est incapable de fabriquer de la chlorophylle, donc de se nourrir, comme toutes ses consœurs, par photosynthèse. Les Anciens avaient déjà observé qu'elle se complaît dans les pinèdes ; elle accompagne les pins comme une fidèle suiveuse, d'où son nom populaire de « sucepin ». On pensait en effet que la monotrope suçait les racines des pins. C'était certes bien vu, mais les choses ne sont pas aussi simples.

Un biologiste suédois, Eric Björkman[1], montra en 1960 que cette opération de succion s'effectuait en réalité par l'intermédiaire des filaments d'un champignon qui colonise les racines de la plante. Ces filaments mycéliens relient entre elles les racines du pin et de la monotrope, ce qui permet au premier de transférer des aliments organiques à la seconde. La

1. Plusieurs des exemples qui vont suivre sont empruntés à un article publié dans *La Recherche* : « Plantes et champignons, l'alliance vitale » (n° 411, septembre 2007).

monotrope s'apparente ainsi à un parasite du pin, mais qui n'entretient pourtant aucun contact direct avec cet arbre dont on ne peut dire qu'il est son hôte, car, normalement, le parasite s'accolle à ce dernier ou pénètre son intimité tissulaire.

Une petite orchidée à fleurs rousses, la néottie nid-d'oiseau, partage le mode de vie de la monotrope. Ses racines sont intimement reliées à des filaments de champignon. Les unes et les autres forment, par leur étroite imbrication, des nodules, en sorte que le système racinaire de cette petite herbe évoque un nid dont chaque nodule serait un œuf – d'où le nom de la plante. Dans les nodules s'effectuent, comme chez la monotrope, les transferts de nourriture entre l'arbre et l'herbe. Mais ce sont surtout les forêts de hêtres que la néottie semble rechercher.

Chez la monotrope comme chez la néottie, des liens préférentiels s'organisent entre les partenaires. Un arbre vert nourrit, par filaments de champignons interposés, une herbe dépourvue de chlorophylle. La néottie est cependant plus opportuniste que la monotrope : si elle semble fidèle à des champignons du genre *Sebacina*, elle peut se laisser nourrir par différentes espèces d'arbres.

CONIFÈRES ET BOULEAUX

Les relations sont plus subtiles lorsque deux plantes vertes échangent de la nourriture par champignons interposés. La question devait nécessairement se poser quand on s'aperçut que chaque plante est généralement associée aux filaments de plusieurs espèces de champignons différents.

Suzanne Simard, de l'université de Vancouver, montra en 1997 que les mycéliums peuvent transporter des aliments organiques d'un individu à un autre individu de la même espèce ou d'une autre espèce [1]. Dans les forêts canadiennes, les conifères dominants sont souvent mêlés aux bouleaux. Notre chercheuse étudia donc les relations intimes d'un bouleau et de deux conifères américains, le douglas et le tsuga. Ces arbres furent mis en présence de gaz carbonique marqué par du carbone 13 pour le bouleau et par du carbone 14 pour le douglas. On put donc suivre à la trace les sucres élaborés par ces arbres en mesurant leur teneur en chacun de ces deux isomères du carbone. À l'heure des bilans, il apparut que le bouleau et le douglas échangeaient des sucres carbonés

1. Voir *La Recherche*, *op. cit.*

entre eux, le douglas recevant plus du bouleau que celui-ci de celui-là ! On n'eut aucune peine à montrer que ces transferts s'effectuaient dans le sol par l'intermédiaire de filaments mycéliens, puisqu'il suffisait de creuser une tranchée entre les arbres pour que cessent les transferts. Quant au tsuga qui ne recevait presque rien ni du bouleau ni du douglas, on s'aperçut que ses racines étaient colonisées par des champignons différents. Suivirent d'autres études qui montrèrent que des orchidées photosynthétiques vertes, donc très différentes de la néottie, recevaient jusqu'à 80 % de leur nourriture carbonée par l'intermédiaire de leurs partenaires fongiques qui allaient puiser cette nourriture dans les racines des arbres voisins. Or ces orchidées vivaient à l'ombre de ces arbres qui réduisaient la lumière disponible, donc l'intensité de la photosynthèse, ce qui les plaçait en situation de demandeuses.

Les choses se compliquent encore lorsque des échanges peu avantageux s'effectuent entre une plante et une autre, sa rivale. James Bever, de l'université de l'Indiana, a observé qu'une petite graminée du genre *Panicum*, proche du mil, connectée sur le réseau fongique au grand plantain, finit par voir ce dernier tirer profit de cette association à son détriment : le panic se fait littéralement pomper ses sucres végétaux, et la belle symbiose frôle le parasitisme[1].

Franck Richard et ses collaborateurs du CNRS à Montpellier ont montré comment, en Corse, le chêne vert remplace le maquis en tirant profit, par champignons interposés, de la nourriture carbonée puisée dans les racines des arbousiers, arbustes caractéristiques du maquis corse[2]. Celui-ci se trouve alors défavorisé au profit du chêne, et l'on passe du maquis à la forêt.

Ces mécanismes par lesquels un réseau favorise une espèce au détriment d'une autre permettent de mieux comprendre comment des végétaux se remplacent les uns les autres lorsqu'on passe d'un sol perturbé et dénudé par quelque intervention humaine intempestive à un écosystème stable. Les espèces situées en fin de série des étapes nécessaires au repeuplement favoriseraient la formation de réseaux mycéliens qui leur seraient alors bénéfiques. À l'inverse, les espèces intermédiaires seraient éliminées successivement par le processus de remplacement ici décrit.

1. *La Recherche*, *op. cit.*
2. *Ibid.*

À ce grand jeu, il y aurait donc des gagnants et des perdants. Mais, comme toujours dans la nature, les choses ne sont pas si simples. Leanne Philip, de l'université de Vancouver, reprenant les observations effectuées sur les douglas et les bouleaux, confirme bien un avantage en faveur des douglas, tel que l'avait constaté Suzanne Simard, mais *seulement en été*. Au printemps et en automne, lorsque le bouleau est défeuillé mais que le douglas poursuit sa photosynthèse, puisqu'il ne perd pas ses aiguilles, le phénomène s'inverse et le vigoureux douglas alimente à son tour le bouleau. Chacune des deux espèces est favorisée à tour de rôle : le bouleau est généreux lorsque sa photosynthèse est maximale et qu'il est entièrement feuillé, mais il devient demandeur lorsque celle-ci s'arrête pour la longue saison d'hiver. Le douglas prend alors la suite de ce travail en alternance.

Avec la découverte de tels échanges, une page nouvelle de la biologie et de l'écologie commence à s'écrire. Alors qu'on ne s'intéressait jusqu'ici qu'à leurs pieds et à leurs chapeaux, à leurs organes de reproduction comestibles ou vénéneux, les champignons nous dévoilent un univers insoupçonné. Ni végétaux, puisque sans chlorophylle, ni animaux, puisque immobiles, ils sont désormais considérés comme un règne à part, au même titre que les plantes et les animaux. Ce sont les « centristes » de la vie, qui ont mieux réussi que leurs homologues humains en politique ! On les récoltait pour se nourrir, ignorant tout de leur rôle dans la nature : nourrir les plantes et êtres nourris par elles...

Les champignons et les Restos du cœur

Émouvante histoire que celle de ces arbres alimentant sous leur ombrage des herbes qu'ils privent de lumière, comme la monotrope ou la néottie. En allant plus loin, on peut imaginer tel arbre puissant et vigoureux nourrissant par filaments mycéliens interposés la modeste plantule d'un arbre de même espèce ou d'une espèce différente, voire un arbre chétif de sa propre espèce, mais insuffisamment éclairé. « Je me fais une place au soleil, quitte à te faire de l'ombre » : cet adage n'est plus aussi vrai aujourd'hui dès lors que les mécanismes symbiotiques atténuent la rigueur de la compétition.

Les capitalistes américains créèrent naguère des fondations redistribuant une part de leur fortune. Des mouvements caritatifs fonctionnent selon le même principe, invitant ceux qui possèdent à abandonner un peu de leurs biens aux nécessiteux. Les champignons sont les homologues des fondations ou des Restos du cœur. Ils prennent là où les biens abondent et redistribuent là où se font sentir des besoins élémentaires insatisfaits, à une différence près, toutefois : il est rare qu'un capitaliste soit ruiné par la fondation qu'il a créée ; or c'est ce qui se passe pour les malheureux arbousiers du maquis corse qui alimentent si généreusement les chênes verts que ceux-ci finissent par prendre leur place ; ou encore pour le panic américain, éliminé par le plantain qui l'a nourri. Cette fois, le modèle est plus proche de celui de Monsieur Perrichon [1], mis dans le trou par l'ingrat qu'il venait d'en sortir. Car il advient que le protégé se retourne contre son protecteur. La vie est dialectique : avec elle, c'est rarement tout l'un ou tout l'autre, rien n'y est tout noir ou tout blanc, mais tout s'imbrique comme le *yin* et le *yang*...

Les feutrages blanchâtres mycéliens, bien visibles lorsqu'on retourne le sol, sont les médias efficaces des processus vitaux. L'arbre

1. Personnage central de la pièce d'Eugène Labiche, *Le Voyage de Monsieur Perrichon*, 1860.

qui bénéficie de leurs services pourrait utilement méditer la fable du lion délivré par le rat rongeant les rets qui le tiennent captif : « On a toujours besoin d'un plus petit que soi ». Quant au microscopique champignon, le petit, le faible, il ne manque pas de prélever au passage sa nourriture, juste rémunération de ses services qui apparaissent désormais de deux ordres : d'une part, pour une plante donnée, l'apport en sels minéraux ; d'autre part, pour une communauté de plantes, le transfert de nourriture organique entre individus. Impossible, donc, d'imaginer une forêt sans ces hôtes microscopiques enfouis dans le sol : pas de champignons, plus de forêts !

L'épisode de l'implantation de l'épicéa en Australie, hors de son aire normale de répartition, illustre l'étroite dépendance de l'arbre à son ou à ses champignons. Les tentatives des forestiers d'y faire germer des graines d'épicéa restèrent obstinément vaines. Jusqu'au jour où l'on s'avisa de replanter un épicéa importé d'Europe pour Noël, avec sa motte : le résultat fut un succès. Grâce aux champignons présents dans la motte, l'épicéa reprit et on put alors diffuser le couple indissociable, réussissant cette introduction de l'épicéa sur le cinquième continent.

Les champignons ont encore une autre corde à leur arc. Beaucoup forment des spores à longue conservation, comme les bactéries, inscrivant à leur actif ce nouvel avantage. Comme les bactéries, ils manifestent une forte propension aux symbioses. À vrai dire, en matière de parasitisme, ils ne s'y prennent pas mal non plus, comme en témoignent tant de maladies cryptogamiques chez les plantes, voire, chez nous, sur nos ongles et notre peau. C'est le prix à payer pour l'absence de la chlorophylle qui les contraint à prélever leur nourriture chez d'autres.

Cette perte de la chlorophylle remonte sans doute à très loin, lorsqu'ils descendirent des algues vertes, leurs ancêtres, il y a un milliard d'années, dans les océans. Une évolution qui aurait pu leur être fatale. Car l'évolution n'est pas nécessairement additive ; elle peut aussi se révéler soustractive. On a pu observer chez les algues unicellulaires des séries évolutives allant d'une algue chlorophyllienne, donc végétale, à une cellule non chlorophyllienne, ciliée et mobile, typiquement animale, en passant par plusieurs intermédiaires ambigus [1].

1. On se reportera, sur ce thème qui exigerait de plus amples développements, à mon ouvrage *De l'univers à l'être*, Fayard, 1996.

Dans ce type d'évolution, les champignons se sont peut-être arrêtés à mi-chemin.

Loin d'être encore tous connus, ils forment un groupe très vaste de quelque 70 000 espèces. La perte de la chlorophylle les a conduits à des reconversions réussies, soit en symbiose, comme ici, soit à titre de parasites. Sans eux, la végétation serait toute différente, sans doute misérable, et la chaîne alimentaire ainsi perturbée dans ses racines nous porterait sans doute très mal à son sommet. Peut-être même ne serions-nous d'ailleurs pas là pour le voir.

Experts en matière de symbiose, bactéries et champignons révèlent des formes de vie assez éloignées de la fameuse « loi de la jungle ». Immensément prolifiques, ils forment le socle de la vie, son infrastructure sans laquelle les « produits élaborés » que nous sommes ne seraient pas. Quelle dépendance, quel signe de faiblesse, pour l'homme si arrogant et sûr de lui !

CHAPITRE 3

Vagabondage dans le monde des herbes

Des champignons aux herbes, il y a un grand pas vers l'autonomie. Grâce à la photosynthèse, les plantes fabriquent elles-mêmes leur nourriture. Elles ont hérité ce privilège des cyanobactéries, inventrices de la chlorophylle, et des algues vertes marines, premières eucaryotes, dont elles sont les descendantes.

Chez les plantes, les apparences plaideraient en faveur des arbres : ne sont-ils pas les plus forts ? Dans *Le Chêne et le Roseau*, La Fontaine ne se serait-il pas trompé en insistant sur la fragilité de l'arbre qui rompt et ne plie pas ?

AU RAS DES PÂQUERETTES

Commençons par une trilogie au ras des pâquerettes. S'il fallait sélectionner l'herbe la plus robuste, le pissenlit aurait toutes les chances de se hisser sur le podium. Admirons sa courte mais flamboyante floraison sur les pelouses ou dans les prés où ses magnifiques capitules jaune d'or se pressent, parfois si nombreux qu'ils forment un tapis doré. Le capitule, malgré les apparences, n'est pas une fleur, mais une communauté de fleurs minuscules serrées les unes contre les autres et portées par une tige creuse dans laquelle les enfants aiment à souffler. Mais ils préfèrent encore souffler sur les jolies aigrettes qui surmontent les petits fruits secs harmonieusement disposés sur le réceptacle bombé du capitule. Quand les fleurs sont tombées, les fruits et leurs aigrettes sont emportés à tout vent, figurant l'emblème bien connu de la librairie Larousse.

Les pissenlits en fleur attirent les bourdons, très sensibles à la couleur jaune alors qu'ils ne distinguent pas le rouge. Ils se pressent, ils s'activent, ils butinent. Grand bien leur fasse, car la fleur de pissenlit reste parfaitement indifférente à ces visites, et n'a nul besoin de ces insectes pour transporter le pollen d'un capitule à l'autre. Elle a adopté un système de reproduction très rare dans le monde végétal : la parthénogénèse, ignorant parfaitement la sexualité. Le processus consiste à transformer une cellule ordinaire du pistil en embryon en dehors de toute fécondation entre un spermatozoïde et un ovocyte. Donc, chez le pissenlit, nul besoin de pollen, le minuscule organe contenant les spermatozoïdes. Les bourdons s'activent en pure perte.

Outre cette autonomie qui lui permet de se passer de pollinisateur, cette jolie plante aux feuilles crénelées comme une mâchoire de fauve – d'où son nom de « dent de lion » – manifeste une indomptable énergie. Plaquée au sol, car elle n'a pas de tige, elle tient sa position comme un seigneur son fief. Mon collègue et ami Francis Hallé exprime en ces termes la vigoureuse appétence du pissenlit :

« Il ne dépasse jamais la surface du sol, ses racines le tirant vers le bas, et par cette étrange "décroissance", il se soustrait à la condition aérienne. S'agripper à l'interface sol-air lui permet de bénéficier de conditions plus faciles que des plantes dressées ; ainsi, il a pu envahir tous les continents et, affrontant tous les climats à l'exception des plus chauds, le pissenlit est devenu cosmopolite. C'est lorsqu'on essaie de le détruire qu'il révèle sa combativité : que pouvez-vous faire pour vous débarrasser d'un pissenlit ? Le couper à ras du sol ? il repoussera. L'arracher ? vous laisserez nécessairement en terre de fines racines qui vont régénérer l'adversaire. L'enfouir sous une épaisse couche de terre ? une longue tige grêle le ramène au niveau du sol et il refait surface au même endroit. Labourer pour qu'il se trouve réduit en tronçons ? c'est mal le connaître : chaque morceau de tige ou de racine va régénérer un pissenlit, et là où vous n'en aviez qu'un, attendez-vous à le voir revenir accompagné de ses copains [1]... »

Faut-il ajouter que le pissenlit s'accommode aisément du piétinement ? Sans doute venu de l'Est, comme Attila, il se chuchote qu'il repoussait sous ses pas à l'instar d'une autre petite herbe tout aussi vigoureuse que lui, le petit pâturin.

Chacun connaît cette petite graminée prompte à s'installer entre les pavés ou au pied des immeubles dans la moindre fente du béton ou du macadam où elle forme de petites touffes avec ses longues feuilles toutes minces. Comme le pissenlit, elle produit une multitude de graines, mais elle ignore la parthénogénèse et fait ses bébés comme tout le monde. Cosmo-

---

1. Francis Hallé, *Éloge de la plante*, Le Seuil, 1999.

polite, elle a réussi à s'installer à peu près partout dans le monde, ce qui est rarissime pour une plante. Vous la piétinez, elle adore ça ; vous vous ébattez sur une pelouse ou un gazon, elle est là mais ne craint rien. En milieu urbain, elle s'insinue partout, apparaissant toujours là où on ne l'attend pas. Jadis, on l'arrosait copieusement au désherbant – une très mauvaise idée ! –, et l'année suivante elle était de nouveau là !

On se fait désormais à l'idée de l'apprivoiser avec bienveillance. Un petit *Poa* – c'est son nom latin – entre deux pavés, est-ce vraiment « sale » ? On s'avise que ces petites herbes qui nous accompagnent sur les chemins de nos jardins ou dans nos villes méritent moins qu'on ne le croyait autrefois la stigmatisation et le désamour jadis portés aux « mauvaises herbes ». D'autant que le petit *Poa* n'envahit pas nos plates-bandes, car son cycle végétatif se distingue de celui des légumes qu'on y sème ou qu'on y plante. Sur ces sols bien fumés et ratissés, les mourons, mercuriales ou autres chénopodes sont autrement envahissants. Certaines de ces plantes étaient d'ailleurs autrefois consommées au même titre que des épinards. Mais le petit *Poa*, lui, est incomestible. Pas toxique, mais bien trop dur en bouche. On n'a donc pas besoin d'un petit *Poa* chez soi !

La trilogie de nos robustes compagnes vivant au ras du sol se complète par un troisième larron : la pâquerette, dont l'ardeur à paraître et à fleurir au tout début du printemps et pendant toute la belle saison est remarquable. Pissenlit, *Poa*, pâquerette : trois plantes en *P*, petites mais costaudes.

ICI ET NULLE PART AILLEURS AU MONDE

À ces plantes minuscules, bien enracinées, souvent cosmopolites, s'opposent les endémiques. Celles-ci n'occupent que des aires très restreintes et ne poussent nulle part ailleurs. Faut-il dès lors les considérer comme faibles ? La plupart d'entre elles se maintiennent dans des habitats marginaux, parfois très spécifiques, où elles se sont adaptées en évitant la concurrence des grandes compétitives.

La petite violette de Rouen[1] ne vit que sur la rive droite de la Seine, près de cette ville, sur des éboulis calcaires non fixés où le cailloutis roule vers le bas et où elle est seule à parvenir à s'enraciner. Quelques rares stations subsistent sur ces milieux très fragiles que

1. *Viola rothomagensis.*

n'importe quel projet d'aménagement pourrait détruire. Un tel cataclysme a emporté la violette de Cry, dans l'Yonne, en 1930, à l'occasion de l'extension d'une carrière. Elle aussi vivait sur des éboulis calcaires. Elle fait aujourd'hui partie de la liste, heureusement modeste, des espèces éteintes de la flore de France.

Le saxifrage à nombreuses feuilles[1] est aussi une plante très rare, vivant seulement dans le massif du Mercantour, juchée sur des parois rocheuses verticales, là où aucune autre plante ne peut s'installer. Inaccessible aux amateurs de plantes rares – à moins qu'ils ne soient des alpinistes chevronnés –, il se protège en étant inatteignable. Ce saxifrage ne ressemble à aucune autre plante : imaginez une sorte de disque épais qui serait recouvert d'innombrables petites feuilles empilées les unes sur les autres comme les tuiles d'un toit. Au centre émerge en juillet-août une longue hampe florale verticale porteuse de jolies fleurs délicatement rosées. Ne pouvant être confondu avec nulle autre plante, très rare, solitaire, il survit, accroché à son rocher.

Comme le saxifrage, la minuscule androsace des Pyrénées[2], qui n'atteint jamais plus de

1. *Saxifraga florulenta.*
2. *Androsace pyrenaica.*

quatre centimètres de hauteur, forme de denses coussinets imbriqués dans les fissures des rochers à haute altitude. Piquetée de jolies petites fleurs blanches, elle ne vit que dans les Pyrénées, dans quelques rares stations isolées, heureusement peu accessibles.

Les massifs montagneux sont riches en endémiques de ce type. Au confluent du climat méditerranéen et du climat alpin, les Alpes maritimes bénéficient d'une flore extrêmement riche en raison de la diversité des conditions climatiques, variant selon un gradient allant du littoral à la haute montagne. On y compte à peu près deux fois plus d'espèces de plantes que dans l'ensemble des îles Britanniques, mais très menacées par la pression touristique et urbanistique. Pourtant y survit discrètement, non loin du littoral, un petit perce-neige qui vit là et nulle part ailleurs au monde, ce qui paraît surprenant pour une plante qu'on verrait davantage croître dans un climat plus froid.

La Corse recèle elle aussi son lot d'endémiques, comme la plupart des îles où la compétition est moindre avec les grandes cosmopolites qui souvent ne les ont pas atteintes. Des plantes courantes sur le continent, comme l'aconit et la colchique, l'une et l'autre très toxiques, comptent des cousines qui ne vivent qu'en Corse, et, pour l'aconit, dans une seule et unique station.

La présence dans les Pyrénées de deux plantes, une dioscorée [1] et une ramondia [2], totalement inattendues sous cette latitude et à cette altitude, puisqu'elles appartiennent l'une et l'autre à des familles exclusivement tropicales, attire l'attention sur les processus évolutifs qui peuvent conduire une espèce à s'adapter à des conditions nouvelles. La chaîne des Pyrénées a commencé à surgir au début de l'ère tertiaire, il y a environ 60 millions d'années. À cette époque, le climat terrestre était chaud et la flore tropicale s'étendait jusqu'aux plus hautes latitudes. Dioscorée et ramondia occupaient alors une aire très vaste. Puis, au fur et à mesure que le climat s'est refroidi sur toute l'étendue de la planète, mais plus encore en altitude, dans le jeune massif montagneux deux espèces de ces deux genres appartenant à deux familles différentes se sont retrouvées coincées en montagne, naufragées en quelque sorte, séparées de leurs cousines. Elles ont évolué pour leur propre compte en acquérant la capacité de s'adapter à un climat complètement nouveau pour elles. Rare et remarquable

1. *Dioscorea pyrenaica.*
2. *Ramondia pyrenaica.*

performance ! Elles devinrent ainsi des endémiques pyrénéennes très éloignées des plantes appartenant à leur famille d'origine qui, pour leur compte, s'étaient repliées, avec le refroidissement, vers les tropiques. Miracle de l'adaptation...

Le botaniste Schoenefeld déplora le 17 août 1855 la disparition d'une petite orchidée[1] qui s'éteignait en forêt de Fontainebleau en raison de l'assèchement d'un marécage. Ce fut la première référence en France et peut-être au monde à l'idée que des menaces pouvaient peser sur des espèces vivantes. Se fit alors jour l'idée d'organiser des réserves intégrales où les plantes les plus rares pourraient croître en paix. Mais on comprit bien plus tard que c'était là une illusion : c'était sans compter sur le dynamisme de la nature et de ses peuplements. Le sort de l'immortelle des sables[2] en témoigne.

1. *Hammarbya paludosa.*
2. *Helichrysum arenarium.*

Mortelle bien qu'immortelle

Cette plante est présente sur une vaste aire géographique allant de l'Iran et du Kazakhstan, à l'est, au département de la Moselle, à l'ouest, où elle poussait il y a cinquante ans dans la carrière de Puttelange, près de Thionville. Là était la station la plus occidentale de son aire [1]. Avec l'arrêt de l'exploitation des carrières, les peuplements végétaux se développèrent, les arbres poussèrent, le paysage se « referma », et la petite immortelle, privée de lumière, disparut quasiment. Il semble n'en plus rester que quelques exemplaires qui ne fleurissent plus. La voici donc condamnée à disparaître.

Ainsi l'immortelle était bel et bien mortelle, comme le sont d'ailleurs les académiciens qui portent le même nom ! Dédions-lui la dauphinelle de Requien [2], exclusivement présente sur l'île de Porquerolles, en guise de *De Profundis* ! Elle a fait naufrage, tout comme la Naufragée des Baléares [3], une petite ombellifère qui

1. Cette plante figure dans mon herbier. Je l'ai récoltée en 1951 dans la carrière de Puttelange, près de mon village natal de Rodemack, à l'occasion de mon examen de stage en pharmacie à la faculté de Strasbourg.

2. *Delphinium requienii.*

3. *Naufraga balearica.*

fit une discrète apparition, en 1981, dans une seule station de Corse, et en a aujourd'hui disparu. Elle a partagé le sort de l'evax de Cavanillès[1], une magnifique petite astéracée ressemblant à l'edelweiss, originaire du Portugal et de l'Espagne, qui a fait une brève apparition dans les environs de Saint-Savinien, en Charente-Maritime, avant de disparaître. Dans l'un et l'autre cas, pas d'adaptation : signe évident de faiblesse. L'evax était à la limite orientale de son aire de répartition en Charente, tout comme l'immortelle des sables est à sa limite occidentale en Moselle. Pour parachever cette nécrologie, évoquons enfin la si mystérieuse armoise insipide[2], repérée en 1789 dans le département des Hautes-Alpes, récoltée par le botaniste Dominique Villars, plus jamais revue depuis lors dans la nature : elle ne subsiste qu'en herbier. Sort tragique pour une espèce, qui eût pu être celui du très célèbre narcisse des Glénans[3], en Bretagne, que l'on considérait comme pratiquement éteint au début du XXe siècle ; sa principale station, Saint-Nicolas, est actuellement gérée par le Conservatoire botanique national de Brest et une association

1. *Evax carpetana.*
2. *Artemisia insipida.*
3. *Narcissus triandrus.*

de naturalistes bretons, ce qui a permis de sauver cette jolie plante si ornementale.

L'homme est à la fois l'ami et l'ennemi de ces plantes rares. L'ennemi parce que, ne serait-il que botaniste amateur, il s'empresse de les récolter et de les collectionner ; l'ami, car au cours du XXe siècle l'idée de protection de la nature a progressé, et ces plantes sont aujourd'hui protégées par la loi en tant qu'espèces fragiles et menacées. Faibles, oui, vraiment faibles, elles ont grand besoin de notre protection.

À feuilleter l'*Inventaire des plantes protégées en France*[1], on reste émerveillé par la beauté gratuitement offerte par ces végétaux qui font partie d'un patrimoine largement méconnu et même insoupçonné. Comment ne pas s'émerveiller devant les fleurs du petit géranium à feuilles cendrées[2] découvert au détour d'un sentier sur de la rocaille, dans les Pyrénées ? Ses larges pétales rosés, zébrés de stries plus claires et rayonnantes, sont d'une sublime beauté, comme le sont aussi tant de petites primevères endémiques des Alpes.

1. Philippe Danton et Michel Baffray, *Inventaire des plantes protégées en France*, Nathan, 1995 (avec l'appui de la Fondation Yves-Rocher).

2. *Geranium cinereum.*

La moto verte et l'orchidée

Par un étrange paradoxe, il peut advenir que des agressions humaines brutales favorisent le développement de certaines espèces. Les habitants des champs de bataille de la Première Guerre mondiale avaient observé que, sur les terres de Verdun labourées par les tirs d'obus, des coquelicots fleurissaient en abondance. On les surnomma le « sang des Poilus ». Les graines de coquelicot peuvent demeurer longtemps privées d'air et de lumière dans le sol. Remontées en surface, elles germent, croissent et fleurissent promptement, comme on le voit souvent sur les chantiers des grands travaux de génie civil. Des observations similaires valent pour une petite orchidée [1] du nord de la France poussant sur des sols calcaires datant précisément de l'ère de la craie, le crétacé. Elle aussi recherche les trous d'obus, mais ceux de la Seconde Guerre mondiale, cette fois. Cette craie s'est formée au fil de millions d'années par le dépôt des coquilles de minuscules animaux marins au fond des mers. Avide de cal-

1. *Herminium monorchis* : une orchidée qui ne produit qu'un seul tubercule, à la différence de la plupart de ses consœurs qui en ont deux – d'où leur nom dérivé d'*orchis*, « testicules » en grec...

caire, *Herminium* s'installa dans les trous des bombes qui avaient éjecté l'humus de surface et mis la craie à nu. Elle se trouvait à l'aise parmi ce milieu peu accueillant pour les autres plantes, échappant ainsi à la compétition. Mais, au fur et à mesure que la mémoire de la guerre s'enfonce dans le passé, l'humus se reforme, les herbes reviennent, et *Herminium* succombe sous le poids de cette fatale concurrence. Elle trouve alors des alliés de poids dans les motards épris de moto verte, ces fameux *trials* à pneus agressifs, profondément crantés, qui éraflent et éjectent l'humus, remettant la craie à nu. Aussitôt notre orchidée s'y réinstalle, bénéficiaire de ces débordements si fâcheux pour toutes les autres plantes – les botanistes savent ce que coûte à l'ensemble de la végétation le fameux Enduro des sables du Touquet[1] !

Les jusquiames de l'Afghanistan

Complétons ce périple hexagonal par une projection en Afghanistan, comme disent les militaires. Ces massifs montagneux, subdéser-

1. Communication personnelle de mon ami le botaniste Jean-Marie Gehu.

tiques, sont accueillants aux jusquiames sauvages, plantes très toxiques de par leurs alcaloïdes. Elles sont censées être à l'origine des visions et prémonitions de la célèbre pythie de Delphes qui inspirait la fumée émanant de graines de jusquiame jetées dans le feu.

Les jusquiames sont caractérisées par leurs fruits secs, tous alignés du même côté de la tige. Ils forment de jolies petites urnes terminées par cinq piquants et refermées par une calotte en forme de kippa. La tradition veut qu'elle ait inspiré ce couvre-chef, ainsi que celui des évêques et cardinaux. Les urnes sont bourrées de petites graines très toxiques.

Plusieurs espèces de jusquiame poussent en Afghanistan. L'une d'elles, *Hyoscyamus pusillus*, est minuscule, mais pas pusillanime, car elle produit des alcaloïdes en abondance. Une autre, très répandue aussi, mais beaucoup plus grande, *Hyoscyamus reticulatus*, est « handicapée » : malgré son appartenance au genre Jusquiame, elle est parfaitement incapable de synthétiser ses alcaloïdes, dont l'hyoscyamine[1]. Cette grande jusquiame se défend donc

1. Nous avons, avec mon collègue Chafique Younos, analysé cette jusquiame qui possède dans ses tissus des molécules précurseurs de l'hyoscyamine, notamment la triméthylamine. Mais la plante ne parvient pas à assembler ces molécules simples pour fabri-

moins bien que la petite de la dent des prédateurs qui savent éviter les plantes à alcaloïdes dont ils reconnaissent d'emblée l'amertume. Chèvres et chameaux ne sont nullement gênés par les épines dont se hérissent les feuilles de la jusquiame réticulée ; ils la broutent, comme la plupart des plantes épineuses de ces steppes arides. En revanche, se défendre par des alcaloïdes est bien plus efficace. C'est ce que fait la jusquiame naine, et cette fable montre bien que le plus fort n'est pas toujours celui qu'on pense.

Comme la jusquiame réticulée, l'herbe à chameau[1] est une espèce très abondante en Asie centrale, fort appréciée des chameaux malgré son port épineux. Or cette herbe typique des steppes est capable de s'adapter à des sols salés comme il en existe beaucoup en zone aride. Elle parvient même à percer et à émerger d'une croûte de sel, comme nous l'avons constaté au bord de l'Amou Daria, à la frontière nord de l'Afghanistan. De piquante elle était devenue charnue, stockant de l'eau salée dans ses tissus. Cette extraordinaire faculté est le signe de la vraie force, qui

---

quer son alcaloïde ; sans doute lui manque-t-il l'enzyme appropriée et le gène codant pour cet enzyme.

1. *Alhaghi camelorum.*

consiste à s'adapter à toutes les situations, même les plus difficiles, ce qui exige souplesse et non raideur. Nous verrons d'ailleurs que la souplesse est sans doute la meilleure arme des « faibles » ou prétendus tels...

Il existe sur la planète environ 220 000 espèces d'herbes, contre 50 000 espèces d'arbres, ces derniers le plus souvent tropicaux. Les écologistes rendent hommage à cette riche biodiversité et percent de mieux en mieux les secrets des multiples interrelations entre espèces végétales et animales, formant les écosystèmes. De leur point de vue – et on ne peut qu'approuver –, chaque espèce, chaque individu joue sa partition dans la grande symphonie de la nature. Mais le point de vue du poète, auquel il n'est pas interdit non plus de se ranger, le conduira à admirer la surabondance et la gratuité de la vie qui offre, à travers ses multiples visages, un hymne merveilleux à la beauté.

La disparition d'une modeste endémique, seulement présente en quelques rares stations, ne provoquerait sans doute pas un traumatisme irréparable dans le fin maillage d'un écosystème. Après tout, c'est le destin des espèces que de s'éteindre, à l'instar des individus qui les composent. Mais le préjudice esthétique serait, lui, irréparable.

CHAPITRE 4

La fable du palmier et du bambou

Départager le fort et le faible n'est pas chose si aisée, comme on vient de le voir. Dans la fable du palmier et du bambou, c'est même impossible, tant ils sont l'un et l'autre faibles et forts à la fois.

Le chêne respire la force. Linné ne l'avait-il pas qualifié de *robur*, « fort » ? Un arbre robuste et roboratif, en somme, pendant végétal du lion, le roi des animaux. Mais survient un orage et le voilà déraciné. Il ne plie pas, comme le roseau ; il tombe, comme tous les grands arbres.

Imaginons à présent la fable d'un *Corypha*[1] et d'un bambou[2] : le premier est un grand

1. *Corypha umbraculifera.*
2. *Phyllostachys bambusoïdes.*

arbre, le second une herbe géante. Chacun joue à sa manière une partition originale.

La décollation du chef

Corypha est un palmier du Sud-Est asiatique. À la différence des autres arbres, du chêne en particulier, son tronc grossit sans faire de cernes annuels. Ce tronc, plus fibreux que ligneux, est un stipe, singularité propre aux palmiers. Il croît par un seul bourgeon terminal qui, en progressant en hauteur, forme des feuilles sous lui. Ces feuilles sont palmées, en forme de patte de canard, particularité à laquelle les palmiers doivent leur nom. *Corypha* va croître pendant des dizaines d'années et peut atteindre, sans fleurir, cinquante à soixante mètres de haut à l'âge de soixante-dix ans. Le bourgeon terminal ne donne que des feuilles, jamais la moindre fleur. C'est dire la fragilité de ce pseudo-arbre : décapité ou déraciné par un ouragan, il ne laissera aucune descendance.

Une seule tige verticale, un seul bourgeon terminal : l'architecture de *Corypha* est des plus simples. D'autres palmiers comportent parfois plusieurs stipes. Si l'un est emporté par quelque traumatisme météorologique, les autres subsistent, comme chez la plupart des arbres qui ne risquent rien en perdant une branche.

Corypha révèle ainsi une structure quasi impériale où l'unique bourgeon terminal est maître du jeu, exerçant ce que les botanistes appellent une « dominance apicale ». Par un mécanisme contrôlé par des hormones, il interdit la formation de tout autre bourgeon sur le stipe. Ce bourgeon terminal unique élimine toute velléité d'apparition d'autres bourgeons – comme dans une dictature où l'on couperait toutes les têtes qui dépassent ! À l'instar du tyran, le bourgeon central dirige seul les opérations de croissance. Il suffit donc, pour tuer l'arbre, de s'y prendre comme pour un tyrannicide, à savoir le décapiter par décollation du chef : plus de tête, plus d'individu – plus de chef aux deux sens du terme.

Un chêne, comme la plupart des autres arbres, porte d'innombrables bourgeons. Que l'un d'eux ou plusieurs d'entre eux viennent à disparaître, il ne s'en porte pas plus mal. Il est, dans son fonctionnement, nettement plus « démocratique », et sait donner leurs chances aux nombreux bourgeons que portent ses branches.

Vient enfin le moment où *Corypha* transforme son bourgeon terminal en bourgeon floral. Il forme alors une unique et énorme inflorescence ramifiée portant jusqu'à quinze millions de fleurs, comme s'il tenait absolument à compenser le retard de sa floraison. Cette inflorescence monstrueuse bat tous les records du monde végétal : elle peut atteindre huit mètres de hauteur ! Épuisé par cet effort et désormais privé de bourgeon, puisque l'unique bourgeon terminal a produit cet extraordinaire feu d'artifice floral, *Corypha* se dessèche et meurt. Ses fruits et graines, au nombre de 250 000 en moyenne, se répandent alors sur le sol.

À l'instar du chêne, l'ouragan peut aussi déraciner le palmier dont le système radiculaire est fragile. *Corypha* est donc un arbre à la fois immense et faible, exposé aux moindres caprices de la météo dans les forêts d'Asie du Sud-Est où il court le risque d'être emporté par un ouragan bien avant de produire ses fleurs et ses graines.

La rare floraison du bambou

Phyllostachys est un grand bambou appartenant à la famille des graminées, celle des céréales. Cette herbe géante, comme le roseau, ne fabrique pas de bois, et plie sans casser. Aucune faiblesse apparente chez cette plante qui bat le record de taille des bambous, pouvant atteindre jusqu'à trente mètres de haut comme on le voit dans la merveilleuse collection de la bambouseraie d'Anduze, dans le Gard. En période de pleine croissance, il peut pousser de près d'un mètre par jour, de sorte qu'un observateur attentif peut le voir grandir à l'œil nu comme on voit la progression de la grande aiguille sur le cadran géant de Big Ben.

Ce grand bambou partage avec *Corypha* un étrange caprice de la nature : sa floraison est extrêmement rare. Un individu *Phyllostachys* a fleuri en Chine en l'an 999. Depuis lors, il a refleuri tous les cent vingt ans avec une régularité de métronome. Dans les années 1960, des populations issues de ce bambou, importées de Chine au Japon plusieurs siècles auparavant, ont fleuri simultanément dans ces deux pays, mais aussi en Angleterre, en Alabama et en Russie où des boutures avaient été transplantées. Sitôt la floraison terminée, les bambous meurent partout en même temps selon un rythme immuable propre à chaque espèce.

Notre palmier et notre bambou ont donc un point commun : les accouchements sont rares et ils meurent en couches ! Aucune chance de survie pour la mère. Chez la plupart des espèces de bambous, la période de croissance avant floraison est plus courte que chez notre *Phyllostachys*, mais la synchronisation de la formation des épis est toujours parfaite. Rares sont les espèces qui laissent passer moins de quinze ans entre deux floraisons.

Les bambous parviennent ainsi à compter les années. Si le mécanisme intime du phénomène est encore mal connu, il est probable que le calendrier de la floraison est lié au rythme diurne ou annuel. Le bambou compterait soit la succession des jours et des nuits, soit celle des saisons. Sous l'équateur, là où la durée des jours et des nuits est toujours égale, et en l'absence de différenciation saisonnière, aucun bambou ne pousse.

C'est évidemment un signe de faiblesse que d'espacer à ce point ses périodes de fructification, aussi bien chez notre palmier que chez notre bambou. Car tous les accidents risquent de se produire alors même que l'arbre et l'herbe n'ont pas encore atteint leur puberté sexuelle. En revanche, quand celle-ci se produit, la production de fleurs et de graines est proprement monstrueuse : on a pu mesurer des matelas de graines de près de vingt-cinq centimètres d'épaisseur sous certains bambous !

Quels avantages ces deux plantes peuvent-elles tirer d'un tel étalement des périodes de fructification ?

Pour les uns, l'éloignement des périodes de reproduction rend la vie plus difficile aux prédateurs qui ne trouvent leur pitance qu'à intervalles très espacés. Heureusement pour eux, ils peuvent avoir recours entre-temps à d'autres nourritures végétales. Car comment pourraient-ils s'adapter aux cycles très longs de ces plantes ? Cela supposerait qu'ils gardent en mémoire un rythme de fructification qui dépasse de très loin leur propre durée de vie, et qu'ils transmettent cette information à leurs descendants. Comment imaginer que des arrière-arrière-arrière-petits-enfants puissent se souvenir de l'année où leurs lointains aïeux ont pu dévorer des graines de *Phyllostachys* ?

Le deuxième avantage mis en avant par les biologistes darwiniens est encore plus subtil : en produisant d'énormes quantités de graines, ces plantes mettent en œuvre un système de défense que les spécialistes de l'évolution appellent « saturation du prédateur ». La plante protège sa pérennité en faisant tant de graines que ce dernier ne saurait la menacer.

Le phénomène d'alternance du cycle du bambou a été observé chez des cigales dites « périodiques ». À l'est des États-Unis, les nymphes de cigales vivent pendant dix-sept ans sous terre, se nourrissant de la sève des racines des arbres. Puis, subitement, des millions de nymphes parvenues à maturité émergent du sol, deviennent adultes, s'accouplent, pondent et meurent. Plus extraordinaire encore : trois espèces différentes de cigales suivent le même rythme et sortent de terre exactement en même temps. Elles illustrent ces « phénomènes de groupes » bien connus en sociologie, pas seulement chez les humains, mais aussi chez les insectes sociaux.

Corypha et *Phyllostachys* sont des êtres qui n'ont développé aucun système de défense. On peut voir dans cette absence de stratégie défensive un signe de faiblesse, même si la surabondance de leur fructification, en dépit de sa très rare fréquence, déroute les prédateurs, tout comme ce phénomène inexpliqué nous déroute nous-mêmes. Ardeur végétative, faiblesse reproductive et ultime sacrifice au moment de mettre bas : ces traits illustrent les ombres et les lumières, les forces et les faiblesses, les hauts et les bas qui sont la loi même de la vie.

CHAPITRE 5

La cruauté des mouches tueuses

Mangez-vous les uns les autres : tel est, avons-nous dit, l'ordre de la nature. La prédation est la règle. L'animal est le prédateur, la plante la proie. Fixée au sol, celle-ci subit la mandibule ou la dent des herbivores. Seules les plantes carnivores inversent le rapport, mais elles sont bien peu nombreuses : environ 500 espèces sur 270 000, et elles ne se nourrissent que d'insectes. Certes, on a récemment trouvé une souris en cours de digestion dans les urnes longues et profondes des feuilles de Népinthes, au parc de la Tête-d'Or, à Lyon. Mais, hormis ce cas extrême, les chances pour un animal de finir digéré par un Drosera restent très limitées.

Herbivores et insectes font leur quotidien des feuilles qu'ils dévorent ou des tissus ligneux qu'ils grignotent. Lorsqu'ils prolifèrent, comme les chenilles processionnaires, défilant en file indienne sur les pins, la défaite de la plante est totale. Mais la prédation atteint des sommets dans le cas des mouches tueuses [1].

Des enfants matricides

Ces mouches s'attaquent aux champignons, et non l'inverse, comme le ferait croire le nom de l'amanite tue-mouches qui, en réalité, n'en tue aucune. Ils se font plutôt assassiner par certaines d'entre elles avant qu'elles soient assassinées à leur tour par leurs propres filles. Ces mouches minuscules [2] ont deux modes de vie différents : elles sont capables de se reproduire sexuellement, comme tout un chacun, en formant des œufs, puis des larves et des chrysalides, avant de devenir adultes ; mais d'autres ne suivent pas ce processus habituel : elles ignorent la sexualité, lui préférant la parthénogénèse, et ce, bien avant d'être adultes, dès le stade larvaire. Ces femelles ne pondent pas d'œufs mais transforment des cellules de leur

1. *Cf.* Stephen Jay Gould, *Darwin et les énigmes de la vie*, Le Seuil, 1997.
2. Famille des Cécidomyidés.

abdomen en embryons qui se développent à l'intérieur du corps de la mère, trop jeune pour avoir formé un utérus, et donc incapable de les nourrir. Aussi, pour assurer leur croissance, dévorent-ils les entrailles de leur génitrice jusqu'à la vider de toute substance. Lorsqu'ils naissent, quelques jours plus tard, après avoir envahi le corps de la malheureuse, il ne reste d'elle, leur unique parent, que l'enveloppe chitineuse, ce squelette externe léger propre aux insectes et si différent de la lourde charpente des vertébrés. Car les insectes ont leur corps dans leur squelette quand les vertébrés ont leur squelette dans leur corps...

Après avoir assassiné leur mère, les jeunes larves dévorent le champignon sur lequel celle-ci vivait. Puis le cycle se reproduit, toujours avec la même cruauté : les larves produisent en leur sein des petits qui les dévoreront à leur tour par le dedans. Le champignon, dénué de tout moyen de défense, finit par succomber à l'ardeur prédatrice de ces terribles mouches. La nourriture alors vient à manquer. Les larves cessent de se reproduire par parthénogénèse et deviennent adultes. Ces adultes copulent et enfantent soit des mâles, soit un mélange de mâles et de femelles. Et ceux-ci deviennent de vraies mouches. Le mécanisme de la parthénogénèse disparaît et les mouches se reproduisent sexuellement à l'état adulte, comme il convient. Ces mouches sont ailées et s'envolent à la recherche de nouveaux champignons. Le stock de nourriture ainsi reconstitué, les cycles parthénogénétiques redémarrent. Chez la mouche mycophila[1] – étymologiquement : « qui aime les champignons » –, il suffit de cinq semaines après leur introduction dans une cave à champignons de couche pour que les larves atteignent une densité de 70 000 au mètre carré.

Ces modes de vie étranges, où les cycles reproductifs tournent à toute vitesse tant que la nourriture est abondante, ont été aussi repérés chez des pucerons de la famille des Aphidés. Les feuilles représentent pour eux ce qu'est le champignon pour nos mouches voraces. Certains Aphidés accélèrent encore le mouvement : l'embryon parthénogénétique commence son développement à l'intérieur de la mère avant même la naissance de celle-ci... au point que deux générations finissent par se télescoper à l'intérieur d'une même femelle ! D'où une aptitude reproductive proprement légendaire : si tous ses descendants survivaient, une seule femelle en produirait 524 milliards en un an ! À ce rythme, une feuille est

1. *Mycophila speyeri.*

promptement dévorée et les formes sexuées apparaissent alors, comme dans les cas précédents, munies d'ailes pour s'envoler vers une autre feuille où le cycle reprend.

L'étonnant mode de vie du moucheron à champignon et du puceron à feuille se retrouve chez un scarabée [1] qui vit et se nourrit des bois pourrissants et humides. Le cycle est identique à celui du moucheron et du puceron, car la nature a inventé plusieurs fois, en différents groupes d'insectes, le même curieux stratagème. Il illustre sa cruauté à l'endroit d'êtres sans défense : le champignon, la feuille, et bien entendu les « mamans » assassinées avant même d'être adultes.

TUÉS PAR LEUR PROPRE EXCÈS

Dans ce modèle d'hyperprédation où l'on se reproduit à toute vitesse pour manger, il n'y a que des perdants. L'ardeur à se repaître est telle que ces insectes ne prennent même plus le temps de se reproduire « correctement ». Si bactéries et champignons, tellement plus

1. *Micromaltus debilis.*

fréquentables, sont plus forts qu'il n'y paraît, ceux-ci voient leur cruauté faire leur faiblesse. L'image habituelle qui fait du prédateur le fort, le dominant, est ici mise en échec. Ces exemples d'hyperprédation allant jusqu'à l'exterminaction de la génitrice aboutissent au comble de la faiblesse : la mort de tous. Car la force éphémère du prédateur est trompeuse. Après l'« aide sociale » assurée aux racines par le champignon mycorhizien [1], on découvre ici une sorte de « loi de la jungle » telle que l'imaginaient les biologistes du XIXe siècle : aucun mécanisme de solidarité, et, *in fine*, une mort prématurée pour tous les protagonistes.

Bon exemple pour approcher la nature dans ce qu'elle a aussi de plus cruel et de plus inquiétant. Avec ces insectes, les mécanismes compétitifs fondés sur une intense prédation atteignent leur limite. Il était nécessaire de s'y arrêter pour ne pas offrir de la nature une image trop débonnaire, mais déformée, où la solidarité l'emporterait sur la compétition et la prédation. Dans une lettre à son ami le botaniste Joseph Hooker, Darwin disait voir partout « la maladresse, le gaspillage, les bévues, la bassesse et l'horrible cruauté de la nature ». Notre histoire d'insectes tueurs lui donne

1. « Mycorhizes » est le nom donné aux filaments mycéliens (voir *supra*, chap. 2).

raison. Mais notre propos est de montrer que la nature a aussi inventé des mécanismes visant à « limiter les dégâts ». Ce que le XIXe siècle n'avait pas vu.

Il serait injustifié de vouloir tirer des exemples évoqués dans cet ouvrage un jugement moral. La nature est amorale. Sa cruauté pose crûment le problème du mal qui a taraudé Darwin au point de lui faire abandonner ses convictions chrétiennes. C'est à la suite de cette rupture que le darwinisme – au moins dans la sphère philosophique et scientifique – est devenu synonyme de matérialisme et d'athéisme, ce qui continue à nourrir outre-Atlantique une vive controverse avec le créationnisme. Or on peut évidemment être croyant et évolutionniste : ne le suis-je pas moi-même ?

CHAPITRE 6

Quand les proies mangent leurs prédateurs

On n'en finirait jamais de disserter sur les relations orageuses entre les prédateurs et leurs proies. Dans le *Périclès* de Shakespeare, un pêcheur demande à son patron : « Maître, je me demande comment les poissons vivent dans la mer... » Il reçoit l'évidente réponse : « Eh bien, comme les hommes sur terre : les grands mangent les petits [1] ! »

Mais qu'en est-il quand les petits mangent les gros, ou quand les prédateurs deviennent des proies ?

1. Cité par Stephen Jay Gould dans *Les Coquillages de Léonard*, Le Seuil, 2001, ouvrage qui a partiellement inspiré ce chapitre.

Taons et crapauds

Chacun sait que les grenouilles gobent des mouches, mais on ignore que l'inverse est vrai aussi ! En août 1982, Thomas Eisner a remarqué sur les bords boueux d'une mare d'Arizona des milliers de crapauds à l'état adulte, et non pas sous forme de têtards. Leur taille était encore modeste et ne dépassait guère deux centimètres. Certains étaient mourants, d'autres déjà morts. Ils semblaient avoir été aspirés dans la boue de sorte que n'émergeait que leur tête ou le haut de leur corps. En fouillant la boue recouvrant ces crapauds à demi enfouis, on découvrit le prédateur responsable de cette hécatombe : un gros ver blanc, la larve d'un taon [1].

Ces vers attrapent les crapauds grâce aux crochets de leurs mandibules et les attirent dans la boue ; puis ils sucent leur sang jusqu'à ce que mort s'ensuive. Par un curieux retournement de situation, des larves d'insectes sont ainsi devenues des prédateurs de crapauds – certes de grosses larves pour de petits crapauds... Plus étrange encore, l'inverse semble se vérifier, le crapaud gobant à l'occasion des taons, peut-être ceux-là mêmes qui, en tant que larves, se sont nourris de ses congénères.

---

1. *Tabanus punctifer.*

Les langoustes et les moules

De nombreux crustacés – homards, crevettes, crabes – se nourrissent d'escargots. On évoque ainsi une sorte de course aux armements qui, dans l'évolution, a conduit les premiers à renforcer leurs pinces, et les seconds leurs moyens de protection, coquilles ou épines. Pourtant, les rapports de force entre crustacés et gastéropodes s'inversent sur de petites îles d'Afrique du Sud.

Sur l'île Magas, comme partout ailleurs, les langoustes mangent des moules et plusieurs espèces de buccins. Elles entaillent leurs coquilles avec leurs puissantes pièces buccales. Mais les pêcheurs de langoustes s'étonnèrent de la disparition de ces dernières sur l'îlot voisin de Marcus. En l'absence de leurs prédateurs, les moules y formaient d'immenses bancs, comme aussi les populations de buccins. Où étaient donc passées les langoustes ? Et pourquoi ne recolonisaient-elles pas un habitat où abondaient leurs proies ?

On introduisit donc mille langoustes de l'île Magas sur l'île Marcus, identifiées par une marque permettant leur repérage ultérieur. Or celles-ci furent rapidement submergées par des assauts de buccins. Il ne fallut qu'une semaine à ces derniers pour mettre à mort les mille langoustes introduites sur l'île. Les buccins se fixaient à leur carapace et suçaient leur chair, les tuant en moins d'une heure. La proie était devenue prédatrice, le prédateur succombant sous le poids du nombre.

Le chat et les souris

L'été 1947 fut exceptionnellement chaud et sec en Lorraine. On ne saura jamais la cause de l'étonnante prolifération de souris qui se produisit alors. L'adolescent que j'étais s'amusa à les capturer en enfouissant dans le sol des bocaux de verre dont l'ouverture béait à ras de terre. Les souris y tombaient à raison de plusieurs par bocal et par jour. Mues sans doute par cet obscur instinct qui fait des enfants des êtres moins innocents qu'il y paraît, je transférai les souris dans une grande baignoire vide qui trônait au fond du jardin. L'idée me vint alors d'y installer un chat. Je n'oublierai jamais la terreur de ce pauvre animal que les souris narguaient, le contraignant à se réfugier dans un recoin de la baignoire, plusieurs souris lui grimpant sur le dos. Bon bougre, néanmoins, je libérai chat et souris.

Cette cruelle expérience de science naturelle fut mon seul délit avec une tentative de tester sur un chien l'effet des barbituriques... La pauvre bête perdait la faculté d'aborder les tournants et s'aplatissait au sol, les quatre pattes étalées de la plus pitoyable manière. J'avais naturellement soigneusement calculé la dose pour éviter tout dommage irréparable. Le chien récupéra sa forme en quelques heures et réussit à reprendre les virages et contournements de meubles sans s'étaler. Là s'arrêtèrent mes expérimentations sur les animaux. Je n'ai jamais pu pratiquer quelque forme de vivisection que ce soit, renonçant de ce fait même, à mon plus grand regret, à l'étude de la zoologie à la faculté des sciences de Nancy.

Mon affrontement organisé souris/chat, comme les cas précédents, avait fait intervenir dans le rapport prédateur-proies un facteur quantitatif. Malgré leur petite taille, il arrive que les proies l'emportent par le nombre, ce qui semble susciter des comportements arrogants de leur part.

Moralité : face à moult faibles, le fort a le dessous.

CHAPITRE 7

La course aux armements entre plantes et insectes

Le végétal et l'animal jouent-ils à armes égales dans le grand jardin de la Vie ? La plante est-elle sans défense face à la prédation animale ? Quelles armes a-t-elle développées pour en limiter les dégâts ?

Si les herbivores proliféraient au point de nettoyer la nature de toutes ses plantes, ils mourraient à leur tour de faim, emportant ainsi les carnivores qui se repaissent de leur chair. C'est donc vers un juste équilibre que tend la nature, même si, épisodiquement, processionnaires ou criquets la mettent à mal, ici et là, pratiquant, comme le veut la mode actuelle en matière de coiffure, des coupes rases. Cet équilibre résulte de la mise en œuvre de processus et de stratégies subtils par quoi la plante organise son autodéfense.

LE CANAL DE PANAMA ET LES PASSIFLORES

Lawrence Gilbert[1], spécialiste d'écologie évolutive, est professeur à l'université du Texas. En tant que spécialiste, il a accès à la précieuse réserve tropicale de Barro Colorado, le « Rocher rouge ». Ce rocher est une île émergeant du lac Gatún, lac artificiel formé par l'inondation d'une vallée lors du creusement du canal de Panama. C'est dans cette vallée que s'engouffrèrent les eaux des deux océans lorsque le président Wilson appuya, depuis son bureau ovale de Washington, sur un bouton déclenchant la dernière charge explosive de l'ouvrage. C'était le 10 octobre 1913. Depuis, le « Rocher rouge » est un sanctuaire de la nature tropicale.

Gilbert s'intéresse à la coévolution entre plantes et animaux. Il s'est spécialisé dans les relations entre un papillon, l'héliconius, et une liane, la passiflore. Les héliconius sont des papillons magnifiques dont le nom évoque la montagne de Boétie, Hélicon, qui passait pour être la demeure des Muses et où les anciens Grecs avaient assigné à résidence Pégase, le

1. Voir Jean-Pierre Cuny, *L'Aventure des plantes*, Fixot, 1987.

fameux cheval ailé. Les héliconius ont lié leur existence à celle des passiflores. Le nom de ces lianes évoque cette fois la tradition chrétienne. La fleur de passiflore servit, dit-on, d'outil pédagogique à des moines espagnols lors de la conquête de l'Amérique du Sud. Ils avaient décelé dans son architecture des analogies avec les instruments de la Passion du Christ : les grosses fleurs de passiflore s'enorgueillissent d'une couronne de minces filets rouges rappelant la couronne d'épines ; le pistil, divisé en trois massues portées par un axe au-dessus de la fleur, évoque les trois clous de la crucifixion : un pour chaque poignet, un pour les deux pieds croisés ; quant aux étamines, leur forme suggère les marteaux qui servirent à enfoncer les clous. La passiflore doit son nom à ces analogies.

Il existe un lien direct entre chaque espèce d'héliconius et chaque espèce de passiflore. Le papillon et la liane forment des couples inséparables, ce qui n'est pas sans risques pour des espèces aussi étroitement dépendantes l'une de l'autre. Que l'une vienne à disparaître, et l'autre est immanquablement condamnée.

UNE PLANTE RUSÉE

Depuis des temps immémoriaux, les papillons déposent leurs œufs sur les feuilles et les jeunes pousses de passiflore. L'éclosion des chenilles marque le début de la prédation, et si celles-ci sont nombreuses, la feuille est dévorée et la liane défoliée. La voici incapable de grimper aux arbres pour y épanouir ses fleurs, ce qui prive de nourriture les colibris, très friands du nectar de passiflore. Celle-ci a subodoré le danger : commence alors la longue histoire d'une coévolution entre les quelque 500 espèces d'héliconius et de passiflores.

Les papillons pondent sur des feuilles jeunes et tendres, sinon les chenilles ne trouveraient à leur naissance que des feuilles coriaces et incomestibles ; elles mourraient de faim. Pour contrarier l'activité prédatrice des héliconius, habiles à repérer les feuilles tendres de leur espèce de passiflore préférée, celle-ci les camoufle en leur conférant la forme des feuilles d'autres plantes auxquelles elles s'agrippent pour grimper. Cette sorte de camouflage stratégique permet à la passiflore de grimper vers la lumière sans essuyer de trop lourdes pertes dans son appareil foliaire. Parvenue à la canopée, elle fabrique alors des feuilles d'une forme différente, celles qui lui sont spécifiques : de vraies feuilles de passiflore. Ces feuilles nourrissent par des glandes minuscules des fourmis vivant en étroite symbiose avec elles et qui les défendent vigoureusement contre toute attaque, ce qui contrarie l'héliconius dans son projet d'installer sa progéniture sur les feuilles de sa plante préférée. Menacés de disette, les héliconius ont su réagir. Certes, la plante s'est arrangée pour passer inaperçue à leur vue en transformant ses feuilles, mais une de leurs paires de pattes est devenue chimiquement sensible aux seules feuilles de leur passiflore conjointe. La passiflore est donc repérée en dépit de son camouflage.

Certaines espèces réagissent en disposant sur leurs feuilles des poils minuscules et rigides, légèrement recourbés, entravant le déplacement de la chenille, dès lors clouée sur place et condamnée à mourir de faim. Mais l'arme suprême des passiflores consiste à pousser très loin leur aptitude au mimétisme. Lawrence Gilbert a constaté que les héliconius évitent de pondre sur une feuille déjà recouverte des œufs d'un congénère passé par là un peu plus tôt pour pondre : trop de chenilles sur la même feuille risqueraient d'entraîner une famine lors de l'éclosion des œufs. Mais quelle ne fut pas sa surprise de constater avec sa loupe que les feuilles de passiflore fabriquaient de petites boules jaunes simulant à s'y méprendre la forme et la couleur des œufs ! Le papillon, trompé par ce mime, croit la place occupée et ne pond pas sur cette feuille-là.

Mais Gilbert est allé plus loin. Élevant l'héliconius et la passiflore en laboratoire, il a eu l'idée de peindre en vert les faux œufs des feuilles de passiflore ; du coup, le piège cessait de fonctionner, le mime perdait toute efficacité, et les héliconius pondaient à nouveau sur ces feuilles.

Cette habile stratégie de défense a été ensuite mise au jour par d'autres chercheurs sur d'autres espèces : la moutarde, par exemple, qui sait aussi détourner les papillons en exposant à leur vue de faux œufs.

Dans cette partie, il est clair que la victoire revient à la passiflore qui a su déjouer les assauts de son papillon ; mais, pour ce dernier, la partie n'est pas pour autant perdue. Les feuilles de la liane contiennent des substances toxiques pour la plupart des prédateurs, sauf pour les héliconius qui les ingèrent sans dommage. Ces chenilles deviennent ainsi elles-mêmes toxiques, de même que les papillons qu'elles génèrent par métamorphose. Les oiseaux reconnaissent ces papillons très joliment chamarrés mais dangereux, et les évitent. La passiflore protège ainsi sans le vouloir son papillon de la prédation ! Mieux encore : les héliconius deviennent à leur tour protecteurs des papillons qui leur ressemblent et qui, quoique non toxiques, dissuadent les oiseaux de les manger. Plus grande est la ressemblance, meilleure la protection...

L'ALTRUISME DE LA PASSIFLORE

Dans ce bel exemple de coévolution, la passiflore gère judicieusement le niveau de prédation qu'elle subit et récompense son prédateur en le protégeant de ses propres prédateurs, les oiseaux. Elle pousse même cette bienveillance en protégeant les mimes de ce prédateur. Enfin, elle protège les oiseaux qui se détournent de ces papillons toxiques. Ce ballet minutieusement réglé nous livre un secret de la nature : son aptitude à inverser les rôles. La proie concède à son prédateur la part du feu et continue d'entretenir avec lui des relations amicales. Le colibri pollinisateur et nourri de nectar, les fourmis protectrices des feuilles, les oiseaux prédateurs des papillons, les papillons nourris et protégés : voilà un micro-écosystème au sein duquel chacun trouve son compte. Bien malin qui pourrait dire qui y est le plus fort et qui, le plus faible. Pour une fois, l'expression devenue si banale chez des jeunes : « C'est génial ! », s'applique avec pertinence[1].

En définitive, la passiflore est plus chrétienne encore que ne l'avait imaginé le moine espagnol auteur de sa légende. Elle pardonne à son ennemi l'héliconius de la manger, mais l'aime au point de le protéger sans qu'elle y ait aucun intérêt direct. Car si elle se révélait bien incapable de vivre sans ses propres oiseaux pollinisateurs, des colibris, elle serait en revanche tout à fait capable de se passer des héliconius à l'égard desquels elle manifeste un haut degré d'altruisme. Avec les passiflores, nous sommes loin des mouches tueuses. Comme le veut le dicton populaire, « on trouve de tout dans la nature », y compris même ce qui ressemble à de l'intelligence.

---

1. Dans *Mes plus belles histoires de plantes* (Fayard, 1986), j'ai longuement évoqué les relations des insectes et des fleurs d'orchidées, où la fleur invente des stratégies plus extraordinaires encore que celles des passiflores pour manipuler l'insecte à son profit et réussir sa pollinisation.

CHAPITRE 8

Où un papillon joue à cache-cache sur des bouleaux

La passiflore est la proie du papillon. Mais le papillon peut à son tour être la proie d'un oiseau. Lui aussi développera alors d'habiles stratégies de camouflage par mimétisme.

Le mimétisme est un phénomène courant dans la nature et les feuilles de passiflore ne sont pas les seules à imiter la forme de celles des plantes environnantes. Nombreux sont les végétaux ou les animaux qui se dissimulent en adoptant la forme et/ou la couleur du substrat sur lequel ils se tiennent. La première image qui s'impose est celle du caméléon, réputé changer de couleur en fonction de son environnement. Pourtant il n'en est rien : la couleur du caméléon change selon son humeur. Menacé, il peut devenir rouge de peur, ou pâle de colère. Effrayé, il laissera paraître des bandes colorées qui traduisent son effroi. Si l'on devait chercher du mimétisme chez cet animal, ce serait plutôt dans sa manière si particulière de se balancer en permanence sur des branches agitées par le vent. Cette manière d'osciller avec son support lui permet effectivement de se fondre dans le paysage.

Le moloch et l'hippocampe feuillu

Les insectes sont les grands spécialistes du mimétisme. Phasmes, sauterelles ou mantes religieuses se fondent parfaitement dans la verdure environnante. Certains vont jusqu'à se laisser tomber comme une feuille morte dès qu'on les touche. La couleur verte de ces insectes ingénieux est due soit à la chlorophylle des feuilles qu'ils dévorent, soit à leur capacité d'élaborer un pigment vert. L'art de plagier culmine chez la phillye qui évoque à la perfection une feuille avec son limbe, son pétiole et ses nervures délicates. Pour parfaire sa performance mimétique, elle ne saute jamais mais se déplace toujours lentement, se démarquant le moins possible des feuilles qui l'entourent.

Tout vagabondage dans le vaste monde des animaux mimétiques passe nécessairement par des êtres extravagants comme le moloch, un lézard hérissé d'épines qui se confond, dans les déserts du centre de l'Australie, avec des herbes brunâtres et piquantes. Sur cet animal étrange, une grosse bosse à l'arrière de la tête ressemble à cette dernière. Il la ramène en avant lorsqu'il se sent menacé, offrant à son prédateur la bosse et non la tête, moyen d'éviter la décapitation.

Chez les hippocampes, nageurs en position verticale, avec leur profil chevalin si caractéristique, certaines espèces adoptent des formes incroyables. Celui qu'on qualifie de « dragon de mer feuillu » a revêtu son corps d'appendices biscornus et bigarrés qui simulent une touffe d'algue. Mêlée au varech, balayée par la houle, l'étrange créature si imitante... est inimitable ! Elle ajoute à ses particularités morphologiques l'étrangeté, commune à tous les hippocampes, d'être un mâle porteur. À l'instar des kangourous, l'hippocampe feuillu, dont l'aire de répartition, les mers du sud de l'Australie, n'est pas si éloignée de celle des marsupiaux, les hippocampes portent sur le ventre une poche. Les parois de celle-ci forment une sorte de placenta qui fournit un liquide nutritif nécessaire au développement des œufs.

PAPILLONS NOIRS OU BLANCS

La phalène du bouleau, qui nous ramène en Angleterre, est certes moins excentrique, et son mimétisme moins élaboré. Joli papillon blanc, *Biston betularia* appartient au groupe des lépidoptères. Il pratique l'homochromie, adoptant la couleur de son support. Ces papillons de nuit se reposent de jour sur les troncs blancs des bouleaux où ils passent inaperçus des oiseaux prédateurs en raison de leur couleur qui se confond avec le tronc et la population de lichens qu'il supporte. Sous cette livrée, on les classe dans la variété *typica*. Mais les bouleaux de l'Angleterre industrielle arborèrent dès le XIXe siècle les stigmates de la pollution de l'air par les poussières de charbon. Victimes de la première révolution industrielle, le papillon blanc perdit son camouflage au fur et à mesure que les bouleaux voyaient leur tronc s'assombrir. En 1848, dans la région de Manchester, une première phalène noire, parfaitement adaptée à la nouvelle teinte des troncs de bouleaux, fut capturée. Désormais, c'était aux phalènes blanches, bien visibles sur les troncs charbonneux, que les oiseaux s'attaquaient. La fréquence de la variété noire, baptisée *carbonaria*, s'accrut au fur et à mesure que la pollution industrielle faisait ses ravages. En

1860, elle était répandue dans tout le bassin industriel de Manchester et Liverpool, au centre du pays. En 1919, elle atteignait Londres et Birmingham. En 1932, elle se répandait dans presque tout le pays, jusqu'à la Manche, n'épargnant que le nord et l'extrême ouest, peu industrialisés. Dès 1895, les *carbonaria* représentaient déjà 98 % des phalènes autour de Manchester. Il avait fallu à peine une quarantaine d'années pour que cette variété devienne prépondérante au détriment de l'autre, la blanche.

Dans les années 1950, la Grande-Bretagne adopta une législation antipollution : *The Clean Air Act*, destinée à réduire les émissions de suie et d'anhydride sulfureux après de graves accidents sanitaires dus au smog londonien. Au fur et à mesure que le niveau de pollution baissait, les troncs des bouleaux se remirent à blanchir. La variété *carbonaria,* désormais défavorisée, devint moins fréquente, passant dans la banlieue de Liverpool de 94 % en 1960 à 15 % en 1995. Naturellement, les fréquences de la variété blanche évoluèrent en sens inverse.

Généticiens et darwiniens s'en donnèrent à cœur joie avec cet exemple, qualifié de « mélanisme industriel ». Il apparut que le passage de la couleur blanche à la couleur noire, et inversement, était dû à la mutation d'un seul gène, le mutant étant sélectionné dans un sens ou dans l'autre en fonction de l'évolution du substrat. Cette histoire de la phalène est restée depuis lors l'exemple emblématique confirmant l'intuition de Charles Darwin : l'évolution se fait par des mutations de hasard, suivies d'une sélection des mutants par le milieu. C'est la fameuse sélection naturelle.

Cette hypothèse sélectionniste a été prouvée par les biologistes Ford et Kettlewell [1]. On procéda par marquage des phalènes des deux variétés, lâchées dans la nature puis recapturées au bout d'un certain temps. Les individus marqués des deux couleurs furent dénombrés. En période de pollution maximale, au début des années 1950, les *carbonaria* noirs recapturés furent nettement plus nombreux que les *typica* blancs. Ils avaient été épargnés grâce à leur camouflage. Les blancs avaient payé au contraire le plus lourd tribut à la prédation par les oiseaux.

Kettlewell mena des expériences comparatives en effectuant des relâchages dans une région boisée et non polluée, la forêt de Dorset,

1. E. B. Ford, *Génétique écologique*, Gauthier-Villars, 1972.

et, comparativement, dans une zone très polluée à proximité de Birmingham. À Dorset, on récupéra beaucoup de formes blanches et peu de formes noires : dans cette forêt, les bouleaux étaient en effet restés blancs, donc les formes blanches étaient mieux protégées. À l'inverse, à Birmingham où les bouleaux étaient noirs, la forme blanche avait presque disparu, à en juger par la rareté des recaptures.

Des espèces qui s'éteignent

Le mélanisme industriel illustre l'impact des changements de milieux sur les êtres vivants qu'ils abritent. Un équilibre stable entre une espèce et son milieu peut être entièrement détruit lorsque celui-ci se modifie. Ici, par les effets des émissions de poussières noires, une forme longtemps favorisée vit son avantage disparaître et révéla une faiblesse jusque-là aussi inattendue qu'improbable.

De tels mécanismes expliquent les phénomènes d'extinction des espèces dans la nature sous l'influence de changements climatiques, géomorphologiques ou même biotiques (disparition d'une espèce utile). Une espèce jusque-là en bon équilibre avec son milieu se trouve alors plus ou moins rapidement menacée. D'autres mécanismes d'extinction peuvent entrer en ligne de compte, comme la perte d'énergie évolutive au sein d'une lignée qui s'éteint alors en douceur par vieillissement ; car les espèces vieillissent et meurent, tout comme les individus qui les composent.

Enfin le modèle de la phalène du bouleau apporte un argument décisif à la vision darwinienne de l'évolution dont la pertinence, au niveau de l'espèce, est incontestable. De là à extrapoler en faisant de cette thèse une sorte de dogme exclusif susceptible d'expliquer l'ensemble des mécanismes évolutifs, il y a un grand pas. Trop de phénomènes dans la nature résistent à tout effort d'interprétation à la lumière du seul modèle darwinien. Que l'on songe aux fameuses orchidées mimétiques dont un pétale se déguise en pseudo-insecte pour mieux attirer un pollinisateur qui croit y voir un partenaire sexuel[1]. Il reste sans doute encore beaucoup à découvrir pour comprendre la fabuleuse complexité des mécanismes de l'évolution.

---

1. On se reportera, sur ce sujet, à mon ouvrage *Mes plus belles histoires de plantes*, *op. cit.*

Pour ce qui concerne notre propos, l'histoire de la phalène est fort instructive. On n'est pas fort ou faible par nature. Tout dépend du milieu – et, chez l'homme, des valeurs auxquelles on se réfère. Le fort ou celui qui se croit tel peut s'affaiblir ; le faible, se renforcer. Aucun statut n'est jamais définitivement acquis. C'est ce que les bouddhistes appellent judicieusement « l'impermanence des choses ».

CHAPITRE 9

Mais où est le sexe fort ?

Si les bactéries et les champignons nous apprennent que les petits ne sont pas nécessairement les plus faibles ; si les prédateurs que nous considérons comme les forts se heurtent aux habiles stratégies d'évitement de leurs proies, la sexualité devrait, elle au moins, affirmer la primauté du sexe fort. Or il n'en est rien !

Un arum transsexuel

Arisaema triphyllum est une herbe des forêts du nord-est de l'Amérique du Nord appartenant à la famille des Arums. Comme eux elle est construite selon une architecture bien particulière. À l'extrémité de la tige se forme une sorte de massue protubérante à la base de laquelle se disposent en cercle de minuscules fleurs dénuées de pétales et d'attrait. Ces fleurs sont enfermées dans une chambre formée par la base d'une longue pièce enveloppante en forme de cornet qui s'élève bien au-dessus de la massue centrale. Cette pièce verte, la spathe, enveloppe donc la massue, le spadice, comme on le voit sur un arum. Mais, chez *Arisaema*, à la différence de l'arum, les pieds sont tantôt mâles, tantôt femelles. Les uns ne possèdent que des fleurs réduites aux étamines, les autres que des fleurs réduites aux pistils. Les moucherons sont attirés par l'agréable odeur de champignon frais que dégage la plante et se précipitent dans la chambre, s'y accouplent et y pondent leurs œufs. S'il s'agit d'une plante mâle, leurs ébats amoureux les couvrent de pollen.

Mais, pour les moucherons, il n'y a pas de billet de retour : des poils dirigés vers le bas forment une sorte de herse qu'ils ne peuvent franchir pour ressortir. Il leur faut donc emprunter un autre itinéraire : la chambre où la herse les retient prisonniers est équipée, à sa base, d'un trou qui permet aux moucherons de s'échapper, chargés de pollen. Malheur à ceux d'entre eux qui iront alors visiter un pied femelle dont l'architecture est tout à fait semblable, avec son spadice et sa spathe, mais dont la chambre ne comporte pas d'issue ! Les malheureux visiteurs n'ont plus aucune chance d'échapper à leur prison. Cherchant néanmoins à s'enfuir, ils s'agitent, s'ébrouent, et répandent leur pollen sur les fleurs femelles. Puis ils meurent, prisonniers de ce piège imparable. Mais les fleurs femelles, elles, sont fécondées : elles ont reçu du pollen sans rien donner en échange. *Arisaema* est donc pour les moucherons une redoutable tueuse.

Nombreuses sont les plantes dont les individus, à l'instar de ceux-ci, ne portent qu'un seul sexe. Les saules ou les ginkgos partagent cette particularité. Dès lors, une question se pose : les pieds mâles et les pieds femelles sont-ils de taille identique et de force égale ? Ou bien manifestent-ils une différence morphologique, à l'instar de notre propre espèce où les mâles sont en général plus grands et plus forts que les femelles ?

Concernant les plantes, la question a été posée pour la première fois par un chercheur américain, Policansky, qui a observé pendant trois ans, dans les forêts du Massachusetts, 2 038 pieds d'*Arisaema*[1]. Cette population comprenait 1 224 mâles d'une hauteur moyenne de 336 mm, et 894 femelles nettement plus

1. David Policansky, *PNAS*, n° 78, 1981, cité par S. J. Gould dans *Le Sourire du flamand rose*, Le Seuil, 1988.

grandes, d'une hauteur moyenne de 411 mm. Chez cette espèce, les femelles sont donc plus grandes que les mâles. Fait surprenant, car nous avons tendance à extrapoler aux autres espèces notre propre statut et celui de la plupart des mammifères où les mâles l'emportent en taille et puissance sur les femelles. Une généralisation tout à fait abusive : dans la nature, les mâles sont plus souvent les plus petits.

Diverses hypothèses ont été avancées pour expliquer cette dissymétrie. On a évoqué la différence entre spermatozoïdes et ovules : les premiers sont de très petite taille, produits en grande quantité ; les ovules sont beaucoup plus gros, car ils contiennent des réserves alimentaires qui seront nécessaires à l'œuf pour effectuer ses premières divisions. Les femelles abritent dans leur corps ces œufs fécondés, puis doivent les nourrir, ce qui exige de grandes quantités d'énergie – d'où leur taille plus importante.

La prééminence des mâles ne se manifesterait que chez les espèces les plus évoluées, donc chez les mammifères où la sélection sexuelle – c'est-à-dire la séduction des femelles – exige des comportements complexes et ritualisés impliquant des démonstrations de force, comme nous le verrons pour l'élan irlandais. La taille devient un atout lorsqu'il s'agit d'acquérir un avantage sur ses rivaux dans la conquête des femelles.

Quel que soit le bien-fondé de ces supputations, les faits sont là. La nature les confirme dans les cas de transsexualité chez *Arisaema*. Non seulement les individus femelles sont plus hauts que leurs congénères mâles, mais cet avantage s'inverse si la femelle subit quelque accident en cours de croissance. Dans de telles circonstances, fait inhabituel, Policansky a montré que les femelles cessent de produire des pistils et ne fabriquent plus que des étamines. Tel est le cas lorsqu'une plante est broutée, ou lorsque, privée de soleil, elle se rabougrit ; ou encore lorsque, ayant produit une énorme quantité de graines la saison précédente, elle a du coup réduit sa croissance en privilégiant sa reproduction.

LA CRÉPIDULE FORNICATRICE

Ces phénomènes de transsexualité sont bien plus fréquents qu'on ne l'imagine. La crépidule des moules[1] est un joli coquillage qui

1. *Crepidula fornicata.*

adopte des formes et des couleurs variées. Elle a été ainsi baptisée par Linné dont on sait combien il aimait comparer la sexualité des animaux et des plantes à la sexualité humaine. Est-ce pour cette raison qu'il considéra la crépidule comme une « fornicatrice » ? Il semble bien que, dans l'esprit du grand naturaliste suédois, le nom choisi devait évoquer la forme harmonieusement arrondie du coquillage, à l'image des arcades que les Romains construisaient dans les sous-sols de leurs grands bâtiments et que fréquentaient les prostituées. Ce sont les premiers chrétiens qui inventèrent *fornicare*, verbe qui signifiait « fréquenter les arcades », autrement dit les lupanars. À Pompéi, les prostituées exerçaient le commerce de leurs charmes dans de tels lieux.

En définitive, la crépidule ne fornique pas plus que les autres, mais elle le fait d'une manière tout à fait originale, illustrant un cas fameux de transsexualité dans le monde animal. Une particularité que Linné ignorait du tout au tout, puisqu'il avait baptisé la crépidule à partir d'un spécimen ancien et isolé découvert dans le tiroir d'un musée...

Les crépidules vivent en piles, entassées les unes sur les autres. Le coquillage qui fonde une pile se fixe sur un caillou au fond de l'eau. Il émet une substance chimique – une phéromone – qui attire de jeunes congénères. La crépidule fondatrice d'une pile grandit rapidement et se transforme en femelle, tandis que la jeune crépidule qui vient se placer sur son dos devient automatiquement un mâle. Cette union ne dure qu'un temps, car lorsqu'une troisième crépidule vient s'installer sur le couple, le mâle du dessous devient à son tour femelle. Le couple de femelles surmonté d'un jeune mâle attire de jeunes crépidules qui deviennent à leur tour des mâles avant de se changer en femelles. Mais le mécanisme tend à s'amortir et les dernières arrivées au sommet de la pile restent de petite taille, et mâles. Au total, plus d'une douzaine de coquillages peuvent ainsi s'empiler les uns sur les autres avec toujours à la base des femelles, et au sommet des mâles. L'empilement des mâles du sommet de l'édifice ne signifie nullement qu'ils ont des comportements homosexuels : leur pénis est plus long que leur corps et parvient à se frayer un chemin jusqu'aux femelles constituant la base de l'édifice.

Les cas de transsexualité si fréquents dans la nature prennent en défaut notre logique cartésienne qui oppose les sexes et tend à les séparer par des barrières étanches. On est ou mâle ou femelle : toute digression ou transgression est suspecte. L'imbrication du *yin* et du *yang* chinois rend certes mieux compte de la réalité en atténuant les oppositions et en mariant les contraires. Mais long sera le chemin à parcourir avant que l'inconscient collectif occidental se libère de ce dualisme simplificateur.

Dans le cas de la crépidule comme dans celui d'*Arisaema*, les mâles sont petits, les femelles plus grandes. Voilà qui contredit l'opinion bien ancrée chez les humains que nous sommes. Encore que le doute a peu à peu raison de la notion de « sexe faible », mis en cause par la montée en puissance des mouvements féministes. Tandis que les femmes affirment leur présence active dans la société, jusque dans les professions qui leur étaient jadis fermées, ne risquent-elles pas d'adopter des comportements traditionnellement dévolus aux hommes : l'esprit de compétition et de domination ? On aimerait que l'inverse se produise et que, plus présentes aux postes clés, elles y développent les valeurs spécifiquement féminines : l'intuition, la douceur, le dévouement, l'altruisme et la compassion.

Hommage à la femme forte

La nature se charge de démentir l'image de la « faible femme », puisqu'elle accorde à ce sexe un avantage moyen de sept ans de longévité sur les hommes. Et qu'elle impose à tous les hommes une primo-expérience de la féminité : durant les sept premières semaines de son développement, l'embryon humain est en effet exclusivement femelle ; il n'exprime que l'information contenue dans le chromosome *x* commun aux hommes et aux femmes. Ensuite seulement s'exprime le chromosome *y* qui conduit au sexe mâle. Tout commence donc par la féminité, et la virilité n'en est qu'un apanage ultérieur. Cette règle-là ne s'inverse que chez les oiseaux qui seraient donc les vrais « machos » de la nature...

Ainsi les *Arisaema*, les crépidules... et les femmes montrent que le « sexe faible » n'est pas celui qu'on pense. Quant au sexe réputé fort, nous le voyons perdre sous nos yeux son avantage dans l'évolution de nos sociétés où, plus qu'en tout autres temps, papa pouponne et fait la soupe, activités relevant jadis exclusivement de sa « moitié ».

CHAPITRE 10

Les bois géants de l'élan irlandais

L'arrogance des mâles dans leurs rituels de séduction expliquerait la prééminence de leur taille chez les mammifères : voilà une hypothèse confortée par le statut et la stature de l'élan irlandais[1].

Cet animal d'autrefois a causé bien des soucis aux paléontologues. La dimension extravagante de ses bois, pouvant atteindre 3,60 m d'envergure, ne constituait-elle pas un sérieux handicap pour cet animal ? D'autant plus qu'il les perdait chaque année et devait les reconstituer, ce qui exigeait une consommation d'énergie considérable. On se demanda d'où cet élan puisait les matières minérales nécessaires à l'édification d'un tel édifice. Valerius Geist entreprit donc un inventaire des plantes que pouvait dévorer cet herbivore en fonction de

1. Stephen Jay Gould, *Les Coquillages de Léonard*, *op. cit.*

leur richesse en minéraux. Il en déduisit que seuls les saules répondaient à ces exigences, avant que l'on découvre effectivement des feuilles de saule associées à des dents fossiles de cet élan.

DES MÂLES PROVOCANTS

L'animal vécut de – 400 000 jusqu'à il y a 10 600 ans, puis s'éteignit alors sur toute la planète. Il ne vivait pas seulement en Irlande où l'on a trouvé ses premiers restes fossiles dans des sédiments enfouis sous des couches de tourbe. En fait, l'élan irlandais n'était pas un élan, mais un cerf, même si aucun cerf vivant n'a jamais atteint sa taille ni jamais produit des bois de cette dimension et de ce poids : une ramure d'un demi-quintal fixée à un crâne pesant à peine 2,5 kilos !

Le premier dessin de ces bois remonte à l'an 1588. Un peu plus tard, on en offrit une paire au roi Charles II d'Angleterre ; installée dans la salle des Trophées du palais, elle dépassait à ce point les autres trophées que ceux-ci en paraissaient dérisoires.

Jusqu'en 1746, on ne connut l'animal que par des restes fossilisés exhumés en Irlande. Mais, à compter de cette date, on en découvrit aussi dans le Yorkshire et, dès 1781, en Allemagne ; 1820 fournit le plus beau squelette complet de l'animal, exhumé dans l'île de Man, en mer d'Irlande. Il apparut alors que le cerf géant avait en fait une aire de distribution très large, s'étirant à l'est jusqu'en Chine et en Sibérie, au sud jusqu'en Afrique du Nord. Un animal de cette taille et aussi bien pourvu en défenses ne pouvait que susciter les controverses : la première porta sur les raisons de son extinction, la seconde sur l'utilité de sa ramure.

À l'époque du fixisme – jusqu'au début du XIXe siècle –, on ne pouvait imaginer qu'une espèce créée par Dieu puisse disparaître. Le cerf géant était donc censé vivre encore, sans doute dans les grandes forêts inexplorées du Canada. On vit même dans l'orignal – autre cervidé, bien vivant, celui-ci, en Amérique – une forme dégénérée de ce cerf. À l'appui de cette thèse, la théorie de Buffon considérant les espèces américaines comme des versions plus chétives et sans doute dégénérées des formes européennes. Thomas Jefferson, troisième président des États-Unis, auteur de la célèbre Déclaration d'indépendance de 1776 et paléontologue à ses heures, réagit vigoureusement.

Dans un article, il mit en avant une grosse patte fossile pourvue de griffes qui avait dû appartenir, selon lui, à un lion géant comme il n'en existait aucun dans l'Ancien Monde. Malheureusement, il apparut que cette patte était celle d'un paresseux terrestre, géant, en effet, puisqu'il atteignait la taille d'un éléphant, mais éteint depuis 10 à 15 000 ans. La suite des événements donna pourtant raison à Jefferson quant à la prétendue dégénérescence des espèces américaines : Buffon s'était laissé abuser par sa manière de considérer les Européens – humains ou animaux – comme très supérieurs à toutes les autres créatures existantes.

Au fur et à mesure que les paléontologues exhumaient des fossiles, il fallut se rendre à l'évidence : l'animal n'existait plus nulle part sur la planète. Et le grand paléontologue français Georges Cuvier en déduisit, en 1812, que l'espèce était bel et bien éteinte, ce qui, à l'encontre des théories fixistes, jetait les bases de la biologie évolutive et des chronologies géologiques.

Pourquoi ces grands bois ?

Mais si le cerf géant avait disparu, quelle pouvait être la cause de son extinction ? On imagina que la ramure géante du cerf constituait pour lui un handicap. L'animal aurait disparu, ployant sous le lourd fardeau de ses excroissances crâniennes, empêtré dans les branches d'arbre, exposé à ses prédateurs sans pouvoir fuir, ou s'enlisant dans les marécages, accablé sous son poids.

Cette hypothèse allait à l'encontre des idées développées par Charles Darwin dans *L'Origine des espèces*, publié en 1859 : selon celui-ci, le milieu exerçant la fameuse sélection naturelle, base de la pensée darwinienne, tout changement survenant chez une espèce lui est favorable si elle améliore son adaptation au milieu dans lequel elle vit. Or, dans le cas présent, il semblait bien que la sélection avait joué à l'envers, retenant des facteurs défavorables à l'animal qui en avait été victime. Il fallut donc s'interroger sur les avantages que l'énorme ramure du cerf géant avait pu représenter pour lui.

On s'aperçut d'abord que dans la lignée des cervidés, plus les animaux grossissaient au cours de l'évolution, leur crâne avec le reste, plus leurs ramures grossissaient parallèlement, mais nettement plus et plus vite que leur cerveau. Ayant multiplié les mesures sur des fossiles, Stephen Jay Gould[1] en déduisit que la taille des bois se développe 2,5 fois plus rapidement que celle du crâne. À l'époque darwinienne où l'on pensait que ces bois ne servaient qu'à la lutte, et même à la lutte à mort, ce facteur dans la compétition entre mâles était donc l'expression de la loi du plus fort.

On pensa ensuite que de pareils ornements pouvaient être un argument de poids favorable dans la compétition pour la séduction des femelles dépourvues, elles, de ramures. Darwin forgea même, pour ce type de compétition, l'expression de « sélection sexuelle », les femelles étant attirées par les mâles les « mieux montés » – en l'occurrence, montés en bois.

Puis on alla plus loin en observant que certaines structures comme celles-là jouent un rôle dans les combats ritualisés que se livrent les mâles rivaux. Leur fonction est justement d'éviter que le combat ait lieu, en établissant, par comparaison entre les mâles, une hiérarchie incontestable à laquelle ceux-ci se conforment. Il s'agit là toujours d'une manifestation de la loi du plus fort, mais d'un fort qui ne tue plus :

---

1. S. J. Gould, *Darwin et les énigmes de la vie, op. cit.*

il se contente de s'imposer. Les cerfs géants auraient manifesté les comportements habituels aux cervidés qui exécutent des marches parallèles afin d'observer la taille et la conformation du rival. La lutte à mort, l'épatement, l'attraction des femelles, l'acquisition d'un statut dans la hiérarchie des mâles : autant de justifications que Darwin put invoquer à l'appui de sa thèse.

Une thèse confirmée par un argument supplémentaire : la découverte, en 1952, dans la grotte de Cougnac, dans le Lot, d'un dessin de cerf géant, indubitablement identifié par la forme et la taille de sa ramure. Cette représentation paléolithique révéla que l'animal portait une grosse bosse à la base du crâne, un organe graisseux qui ne se fossilise pas, et donc passé inaperçu jusque-là. L'utilité de cette bosse ? Le raisonnement darwinien considéra qu'elle renforçait le prestige des mieux nantis, les mâles affirmant leur statut et par leur ramure et par leur bosse. Plus ce statut s'affirme, plus rares sont les combats entre mâles, plus rares aussi les risques de blessures et de mort qu'ils entraînent.

POURQUOI CETTE EXTINCTION ?

Le cerf géant vivait encore entre 13 000 et 12 000 ans avant notre ère, période chaude marquant la fin de la dernière glaciation, mais peu boisée, les arbres n'ayant pas encore suivi la remontée des glaciers vers le nord. Cette période de réchauffement fut relayée par une courte période froide où s'installa une sorte de toundra subarctique dénuée d'arbres. Puis, le climat se réchauffant à nouveau, une dense forêt la remplaça. Le cerf géant ne serait parvenu à s'adapter ni à la toundra, pour raison de carences alimentaires, ni à la forêt dans laquelle sa progression était rendue difficile par l'envergure de ses ramures. Le changement climatique aurait donc scellé son destin. S'il avait fallu moins de nourriture pour fabriquer des ramures de cette taille, et si celles-ci avaient été plus modestes, permettant la locomotion en forêt, notre cerf n'aurait peut-être point disparu. On rejoint là l'intuition darwinienne selon laquelle les adaptations ne valent que pour un milieu donné. Que ce milieu change, et ce qui pouvait se révéler avantageux risque de devenir un handicap, comme on l'a vu pour la phalène du bouleau. Il n'est pas sûr que des adaptations favorables à ces conditions nouvelles puissent en effet voir le jour aussi rapidement que nécessaire. Tel n'a pas été le cas pour le cerf géant : ce qui faisait sa force fit donc aussi sa faiblesse. Avec ses énormes ramures, le cerf géant se pavanait, faisait de l'épate. Il en est mort, sans nous attendre ni nous atteindre, car peut-être aurions-nous pu le sauver, le protéger contre sa faiblesse, puisque ses atouts étaient devenus des handicaps.

Il fut un temps où l'on imputait la disparition des dinosaures à leur gigantisme et aux extraordinaires excroissances que certains d'entre-eux portaient sur le crâne. Elles auraient limité le développement de leur cerveau, affaiblissant du même coup leurs capacités adaptatives. C'était la théorie de l'hypertélie, organe se développant de manière monstrueuse au détriment du bien de l'individu et de l'espèce. Si nous, humains, devions un jour disparaître, victimes de nos propres excès, n'est-il pas permis d'imaginer que d'autres êtres pensants pourraient attribuer notre extinction à l'hypertélie de notre cerveau ! ? Les tipules, elles, ont un cerveau certes modeste, mais des pattes si longues que leur locomotion s'en trouve compliquée ; en les raccourcissant d'un coup de ciseau, on améliore l'agilité de ces diptères.

Des phénomènes analogues ont été évoqués autrefois pour expliquer la disparition de certaines espèces, voire de certains groupes. De telles réflexions ne sont plus de mise aujourd'hui, car elles contredisent le dogme darwinien qui se doit d'être exempt de toute critique. Pourtant, tout au long des temps géologiques, l'évolution ne semble pas avoir fait de cadeaux aux plus gros ni aux plus forts. En période de crise majeure, les petits et les faibles paraissent mieux s'en sortir. « *Small is beautiful*[1] », disait Schumacher, l'un des pères de l'écologie. Il est étonnant de constater comment, lors des grandes extinctions, lorsque beaucoup d'espèces disparaissent en même temps, l'humilité et la modestie semblent être des armes imparables pour la survie.

1. E. F. Schumacher, *Small is beautiful*, Londres, Bland & Briggs, 1973.

CHAPITRE 11

Le triomphe des petits

La Terre a 4,5 milliards d'années. Il a fallu un petit milliard d'années pour que la vie y apparaisse. Pendant plus de 2 milliards d'années, elle est restée confinée dans les océans sous forme de bactéries et d'algues bleues (cyanobactéries), êtres unicellulaires, minuscules et sans noyau. On a vu comment ces algues bleues changèrent l'atmosphère en dégageant de l'oxygène qui allait permettre l'apparition de la vie animale.

QUAND LA VIE EXPLOSE

Il y a 600 millions d'années, un miracle s'est produit. En très peu de temps, si on le mesure à l'aune des temps géologiques, les océans se peuplèrent d'une multitude d'êtres pluricellulaires constitués par des cellules à noyau que l'évolution venait d'inventer. La vie « explosa » avec une rapidité déconcertante, ce que Darwin considérait comme une troublante énigme. Comment expliquer cette brutale prolifération du phénomène vivant qui s'était « traîné » pendant si longtemps sous la forme de minuscules bactéries ? À son époque, il y a un siècle et demi, on imaginait que l'évolution avait été lente et régulière, que la vie « ne faisait pas de sauts brutaux ». Or c'est exactement l'inverse que le paysage de la fin du précambrien [1] offrait aux paléontologues. Commença alors une aventure de 600 millions d'années ponctuée de lentes évolutions et de profonds bouleversements. Tout se déroula comme une tragédie en cinq actes, chacun d'eux s'achevant par une phase cataclysmique qui entraîna des extinctions massives d'espèces animales et végétales.

Le premier acte se joua autour de la localité d'Ediacara, au sud-est de l'Australie, où l'on découvrit un gisement de fossiles miraculeusement conservés en bon état, bien qu'ils aient appartenu à des organismes mous, sans aucune partie dure et sans squelette. On retrouva par la suite des êtres analogues en d'autres gise-

1. Ère précédent l'ère primaire.

ments de cette époque. Cette faune rassemblait des invertébrés marins de taille moyenne ayant vécu sur des hauts-fonds. Aucun ne dépassait un mètre de longueur. Fidèles à une tradition bien ancrée dans le monde de la paléontologie, les scientifiques s'évertuèrent à rattacher les animaux d'Ediacara à des groupes modernes : méduses, coraux ou vers. Mais le paléontologue Adolf Seilacher[1] avança une explication différente : observant que ces créatures ressemblent soit à des rubans, soit à des feuilles, soit à des crêpes, il les considéra comme une première tentative de vie cellulaire, les animaux ayant alors indéfiniment étendu leur surface, ce que font les végétaux en multipliant leurs feuilles minces et plates. Or, le succès ultérieur du monde animal tient à une trouvaille qui lui est propre : ses embryons s'invaginent, créant un « dedans » et réduisant ainsi les surfaces en contact direct avec l'extérieur. Dans ce « dedans », ils ont su accroître leurs surfaces de contact avec un extérieur désormais intériorisé par des organes extrêmement ramifiés comme les bronches, avec leurs arborescences, les poumons, avec leurs alvéoles, ou l'intestin grêle, avec ses villosités. Pour avoir raté cette avancée décisive de l'histoire de la vie, la

1. *Cf.* Stephen Jay Gould, *Le Sourire du flamand rose, op. cit.*

faune d'Ediacara ne parvint à se maintenir qu'environ 100 millions d'années, puis elle disparut entièrement à l'aube de l'ère primaire [1] qui débuta il y a 545 millions d'années.

La vie avait fait là une première expérience produisant bon nombre de prototypes. Tous furent éliminés et remplacés par des animaux pourvus d'un dedans. Pourtant, quelques animaux adoptèrent plus tard cette étrange architecture en étendant leur surface sans créer de véritable dedans, comme par exemple le ténia ou ver solitaire, long de plusieurs mètres et segmenté en éléments parfaitement aplatis : seconde tentative, mais tout à fait marginale, pour inventer un animal fonctionnant comme une plante en agrandissant démesurément sa surface externe.

---

1. Par souci de commodité, nous avons conservé l'ancienne division des ères géologiques du primaire au quaternaire, remplacée aujourd'hui par une nouvelle terminologie : protérozoïque (précambrien, avant l'ère primaire), paléozoïque (primaire), mésozoïque (secondaire) et cénozoïque (tertiaire et quaternaire).

La deuxième explosion

Nous voici maintenant au début de l'ère primaire. Commence l'acte II. La vie éclate à nouveau en une multitude de formes et de prototypes, et à cette profusion les paléontologues répondent en tentant de caser les fossiles dans des groupes actuellement existants.

Ces fossiles ont d'abord été observés dans des roches fossilifères de Burgess, en Colombie britannique, au Canada. Ils remontent à 530 millions d'années. À la différence de la faune d'Ediacara, ces animaux possédaient des parties dures, ce qui favorisa leur fossilisation. Le grand biologiste américain de l'université de Harvard, Stephen Jay Gould, récemment disparu, a consacré un ouvrage à la faune de Burgess[1]. Il y décrit l'histoire de la réintégration des fossiles de ces schistes fossilifères, découverts en 1909 par le paléontologue américain Walcott, dans des groupes zoologiques existants. Pénible exercice, car certains sont extrêmement étranges ; mais il fallait, selon l'image utilisée par Gould, faire rentrer à tout prix ces organismes dans des groupes connus à l'aide d'une sorte de « chausse-pied épisté-

1. Stephen Jay Gould, *La vie est belle. Les surprises de l'évolution*, Le Seuil, 1991.

mologique » forçant le pied à entrer dans une chaussure de forme et de pointure préalablement établies !

La « déconstruction » étant une idée à la mode, plusieurs chercheurs, dont Corway, montrèrent que bon nombre de ces fossiles ne correspondaient en rien à des organismes actuellement vivants, et en rien non plus aux fossiles ayant donné naissance à leurs lignées. Bref, ces créatures semblaient venir de nulle part, et n'aller d'ailleurs nulle part. À quoi rattacher un *Opabinia*, avec ses cinq yeux, dont quatre portés par des pédoncules, le cinquième isolé, et sa trompe frontale striée ressemblant au tuyau d'un aspirateur ? Ou un *Anomalocaris*, redoutable prédateur qui, avec ses 60 cm de long, était sans doute le plus gros animal de son époque ? Sa mâchoire en forme de casse-noix était incapable de se fermer complètement. Elle fonctionnait en étranglant les proies sans les mettre en pièces.

Et que dire de l'extraordinaire *Hallucigenia* dont l'anatomie défie toute imagination et mériterait de figurer dans une fiction américaine ? Voilà un animal dont on est incapable de reconnaître le haut du bas, ou l'avant de l'arrière, une sorte de ver de 2,5 cm de long, à tête bulbeuse, si tant est qu'il s'agisse bien d'une tête ! L'animal est monté sur pilotis, soit sept paires de piquants très pointus. Partant de points exactement opposés aux piquants émergent sept tentacules, chacun terminé par des pinces à deux branches. Dressé vers le haut, chacun des six tentacules est situé exactement au-dessus d'une paire de piquants. Mais le premier tentacule correspond à la deuxième paire de piquants, et le septième tentacule, par suite de ce décalage, est déporté d'un cran par rapport à la dernière paire de piquants. Pourquoi cette étrange dissymétrie ? Pour corser le tout, après les sept tentacules, et vers l'arrière (ou l'avant ?), émergent six autres tentacules tout petits, ceux-ci sur ce que l'on pourrait interpréter comme étant la queue de l'animal...

Tous ces animaux ont disparu sans laisser de descendance dans aucun groupe zoologique connu. Ce ne sont les ancêtres de personne, à la différence d'autres créatures de la faune de Burgess que l'on a pu judicieusement classer parmi des embranchements encore existants.

À l'instar de la faune d'Ediacara, la faune de Burgess, repérée ensuite en d'autres gisements fossilifères, illustre une période extrêmement créative de l'histoire de la vie, où se multiplièrent les prototypes et où la biodiversité était extrême, constituée de types très différents dont la plupart s'éteignirent tandis que quelques-uns seulement connurent une descendance. Reprenant un thème cher à Teilhard de

Chardin, Gould compare cette période aux origines de l'automobile : on essaya simultanément la traction à la vapeur, à l'électricité, à l'essence, sur des modèles peu nombreux mais très différents. Même chose pour les avions. Puis, certains types s'imposèrent, la voiture à essence en l'occurrence, éliminant tous les autres. De même dans la nature, le type retenu ne variait plus que par la forme des modèles, autant dire des différences insignifiantes – comme dans nos voitures d'aujourd'hui –, soit une biodiversité toujours riche, mais constituée d'éléments très semblables, à la différence de la diversité des origines où la nature inventait et essayait tous les possibles.

À ces stades d'évolution récente, la vie n'avance plus, elle brode. On le voit dans certaines familles botaniques comme les Crucifères ou les Graminées. L'architecture des fleurs une fois fixée, l'évolution a créé une multitude d'espèces, toutes construites sur le même type, et donc très semblables. En revanche, pour en revenir à la métaphore des voitures, la grave crise pétrolière qui s'annonce enclenche une nouvelle étape créative où de nombreux prototypes vont apparaître... Évolution biologique, évolution technologique : le parallèle est saisissant.

L'HISTOIRE DU PETIT PIKAIA

La faune de Burgess, on l'a vu, connut une sévère décimation. Pourtant, un rescapé mérite notre attention : le petit pikaia, un organisme d'environ cinq centimètres de long que Walcott décrivit en 1911 en le baptisant du nom du mont Pika, voisin du site exploré. Le paléontologue classa le pikaia parmi les vers, se fondant sur l'évidente segmentation régulière de son corps. En révisant les fossiles, Morris, après avoir examiné la presque trentaine de spécimens alors connus du pikaia, découvrit que ces créatures n'étaient pas des vers annelés mais des Cordés, donc des membres de notre propre lignée. Le pikaia est le premier fossile connu à se situer dans notre lignage, un ancêtre des vertébrés, dont nous sommes. Car il possède une sorte de baguette rigide dorsale, ou corde, organe préfigurant notre colonne vertébrale.

Mais les premiers fossiles de vrais vertébrés sont très postérieurs au pikaia. Si la faune de Burgess s'éteignit il y a environ 520 millions d'années, les premiers vertébrés, des poissons, n'apparurent qu'une trentaine de millions d'années plus tard. Le pikaia est donc le lien direct entre la décimation de la faune de Burgess et l'évolution finale vers les mammifères et nous. Il est ce fameux « chaînon manquant » qui parvint à échapper à la décimation. Le redoutable *Anomalocaris*, gros et cruel prédateur, a disparu, mais le minuscule pikaia est passé à travers les mailles du filet. Nous sommes ses descendants.

Depuis Burgess, un grand nombre de plans d'organisation ont été éliminés, car restés sans descendance. D'autres sont à la base des grands embranchements actuels. Mais, depuis les 500 millions d'années qui nous séparent de cette époque, pas un seul nouvel embranchement n'est apparu ! L'architecture globale du monde animal était déjà en place. De multiples pistes évolutives se sont dessinées, qui ont abouti aux animaux actuels, sans qu'aucune nouveauté décisive ne se manifeste. Là est bien le mystère qui intrigua tant Darwin. Tout semble s'être fait d'un seul coup, et, depuis 500 millions d'années, rien de radicalement nouveau ne s'est vraiment produit concernant l'architecture du règne animal. À l'inverse, les plantes, elles, se sont montrées plus inventives [1].

1. Sur l'évolution des plantes, on se reportera à mon ouvrage *Les Plantes, amours et civilisations végétales*, Fayard, 1980.

La conquête des continents

La formidable explosion du début de l'ère primaire a peuplé les mers d'innombrables créatures, chacune occupant une niche écologique bien particulière dans ces océans jusque-là vides de vie pluricellulaire. Puis la vie s'attaque au continent, elle émerge.

Nous sommes au silurien, toujours à l'ère primaire, il y a 430 millions d'années. Le climat s'assèche, le niveau de la mer baisse, l'eau recule. La vie marine reste enclavée dans des mares et des lagunes. Les algues vertes que l'on découvre sur les littoraux à marée basse s'enhardissent et commencent à coloniser les terres exondées. Il ne faut que 10 millions d'années pour qu'apparaisse la première plante capable de s'affranchir de la vie aquatique et de construire des tiges et des vaisseaux qui sucent l'eau du sol pour la transporter en hauteur. C'est une sorte de petit jonc dressé, de quelques centimètres de haut, qui n'est plus flasque comme une algue : *Cooksonia*. Des champignons marins s'installent en même temps sur le sol.

Plus tard, les animaux suivent, des insectes minuscules comme les collemboles, véritables athlètes de l'évolution puisqu'ils ont franchi tous les obstacles et sont toujours là aujourd'hui ; mais aussi de gros scorpions et d'audacieux poissons du type du fameux cœlacanthe, que l'on croyait disparu depuis des millions d'années et qui fut pêché en 1938 dans l'océan Indien, au large des côtes sud-africaines. Ces poissons avaient réussi à transformer leur vessie natatoire en poumons, et leurs nageoires en pattes, avant même d'être tentés de sortir de l'eau. Ils vivaient près de littoraux peuplés de végétaux, comme nos modernes mangroves ; leurs pattes leur permettaient de se déplacer et c'est après seulement qu'ils conquirent la terre ferme.

Si les insectes semblent s'être rapidement adaptés à la vie terrestre, pour les vertébrés ce fut plus long. Ce furent d'abord des amphibiens mi-terrestres mi-aquatiques, du type grenouilles, entretenant une certaine ambiguïté dans la mesure où elles retournent à l'eau pour pondre et se reproduire, d'abord sous forme de têtards. La vie est désormais marine et terrestre. Elle explose pendant toute l'ère primaire qui voit se multiplier les amphibiens et leurs descendants, les reptiles terrestres. Les arthropodes[1] multiplient les performances : libellules

1. Les arthropodes sont des invertébrés à corps segmenté et à squelette externe, comme les crustacés ou les insectes.

d'un mètre d'envergure, mille-pattes de près de trois mètres de long, araignées gigantesques... Ces étranges créatures peuplent les vastes forêts du Carbonifère qui nous ont laissé le charbon. Sur terre, des amphibiens aujourd'hui disparus atteignent des tailles de plusieurs mètres.

Jusqu'à ce que se produise, il y a 250 millions d'années, la plus grande catastrophe de l'histoire de la vie : la grande extinction marquant la fin de l'ère primaire (permien). Se joue alors l'acte III.

APRÈS LES EXPLOSIONS, L'IMPLOSION

En milieu marin, de 90 à 95 % des espèces s'éteignent. En milieu terrestre, les dégâts sont moindres, mais on constate, en sortie de crise, que les animaux de taille réduite ont mieux résisté. Des lignées d'amphibiens primitifs que l'évolution avait miniaturisés à la fin de l'ère primaire ont franchi l'obstacle, donnant au début du secondaire (trias) les premiers amphibiens modernes. Un petit crustacé d'eau douce, *Theriops*, franchit lui aussi le pas : il est toujours là aujourd'hui, vieux de près de 300 millions d'années, et demeure inchangé.

Les plantes aussi innovent : dès le début de l'ère secondaire, un conifère herbacé, le seul ayant jamais existé[1], se répand. Ses descendants grandiront et peupleront les grandes forêts du jurassique, patries des dinosaures. Amphibiens en modèle réduit, crustacés minuscules, conifères herbacés : ce sont les petits qui traversent au mieux la crise.

Parmi les gros animaux, ce sont les carnivores qui s'en tirent le plus mal. *Lystrosaurus*, dont on a retrouvé des traces fossilisées en Russie sur des strates presque entièrement dénuées de fossiles à la suite de la grande extinction, était un gros herbivore de la taille d'une vache. Il a réussi à surmonter la crise. En revanche *Dinogorgon*, redoutable carnivore, roi de la jungle permienne, a disparu. Ses dents en forme de sabre, comme celles du tigre doté du même attribut, mesuraient trente centimètres et s'enfonçaient dans la peau épaisse des herbivores. *Lystrosaurus* réussit en revanche à passer au travers des mailles du filet ; il s'inscrit dans la lignée du petit pikaia des faunes de Burgess, dont les lointains descendants sont les mammifères, donc nous-mêmes.

1. *Aethophyllum*.

Sur les causes d'un cataclysme aussi massif, les débats se poursuivent [1]. La plupart des chercheurs y voient la conséquence d'un brutal refroidissement climatique dû à l'émission massive de cendres liée à un volcanisme intense en Sibérie. Le soleil éclipsé, la Terre se refroidit. Puis, les cendres retombées, un fort effet de serre se serait fait sentir, dû au gaz carbonique émis par les volcans ; réchauffant puissamment le climat, il entraîna une aridification massive des sols. Les deux grands continents : le Gondwana et la Laurasie, fusionnèrent à cette époque en un continent unique, la Pangée, diminuant du même coup la surface des plateaux continentaux. Une faune marine abondante et diversifiée se serait trouvée menacée par la réduction des superficies habitables à proximité des littoraux. Puis aurait suivi une montée des mers, dont les eaux chargées d'hydrogène sulfuré et de méthane étaient peu compatibles avec la vie, faute d'oxygène. Ces gaz se seraient dégagés du fond des océans par suite du fort réchauffement climatique qui aurait favorisé la décomposition des restes végétaux inondés.

Tous ces facteurs ont sans doute joué simultanément pour entraîner une catastrophe dont

---

1. On se reportera sur ce point à mon ouvrage *C'est vert et ça marche*, Fayard, 2007.

la vie mit plus de dix millions d'années à se remettre.

Le temps des monstres

À partir du début de l'ère secondaire apparaissent des animaux qui nous sont familiers : amphibiens et reptiles, et, presque simultanément, les dinosaures[1], puis, un peu plus tard, les mammifères. Dans les grandes forêts de conifères s'ébattent les diplodocus, avec leurs 27 m de longueur, et les brachiosaures, hauts de 12 m ; on estime à 80 tonnes le poids de ces monstres, soit l'équivalent de 12 éléphants adultes. Les dinosaures sont les plus gros animaux terrestres de tous les temps. Ils rivalisaient avec l'actuelle baleine bleue, et ses presque 30 m de long. Dans les airs, *Quetzalcoaltus*, énorme reptile volant, aurait atteint pas moins de 15 m d'envergure ; record absolu pour un animal aérien, battant à plate couture l'actuel record du condor de Californie, avec son envergure de 3 m.

1. « Dinosaure » : du grec *deinos*, « terrible », et *sauros* : « lézard ».

En revanche, pendant les 180 millions d'années que dura l'ère secondaire, les mammifères restèrent désespérément petits, voire insignifiants. Dans le monde des grands reptiles qu'ils côtoyèrent, les mammifères ne dépassèrent jamais 25 kilos et la taille d'une loutre ou d'un blaireau. Les dinosaures étaient les grosses bêtes, et les mammifères les petites, plus généralement de la taille d'une souris. Nocturnes et insectivores, ils passaient inaperçus des grands reptiles avec lesquels ils n'entretenaient, semble-t-il, aucune relation.

L'acte IV de notre épopée, après Ediacara, Burgess et le permien, se situe à la fin de l'ère tertiaire (crétacé). Une nouvelle hécatombe se produisit alors, affectant les dinosaures, groupe déjà sur le déclin mais qui reçut là le coup de grâce.

Les causes de cette extinction massive font toujours débat. On y a vu l'effet d'un très fort volcanisme sur le sous-continent indien, qui aurait initié un scénario proche de celui de la fin du permien. Mais une hypothèse, compatible d'ailleurs avec la première, puisque les effets sont les mêmes, tient aujourd'hui la corde : celle des frères Alvarez. Constatant des quantités anormalement élevées d'iridium dans les couches de l'extrême fin du secondaire, ils donnèrent corps à l'hypothèse de la chute d'une grosse météorite d'environ dix kilomètres de diamètre qui se serait abîmée près de Chicxulub, dans la péninsule du Yucatán, au Mexique. Sur un site proche de Gubbio, en Italie, ville célèbre par le loup que François d'Assise y aurait apprivoisé, les teneurs en iridium sont vingt fois supérieures aux valeurs moyennes de la couche terrestre. Or on sait que ce minéral est particulièrement abondant dans les météorites.

Plusieurs autres arguments sont avancés pour confirmer cette thèse. Tout récemment, on a cru même identifier cette météorite comme provenant du télescopage de deux astéroïdes du groupe des Baptistina, orbitant entre Mars et Jupiter, dont un bloc se serait déporté de son orbite pour atteindre la Terre. La chute de la météorite émit dans l'atmosphère d'énormes quantités de poussières et de cendres consécutives aux incendies déclenchés par la catastrophe. Le soleil s'obscurcit et la photosynthèse s'interrompit. Le plancton des océans, dont le cycle de vie est de quelques semaines et qui effectue la photosynthèse, serait mort aussitôt, entraînant un effondrement des chaînes alimentaires marines. Mais les plantes terrestres auraient survécu grâce à la dormance de leurs graines : elles n'ont qu'assez peu souffert de l'extinction du crétacé. Les dinosaures, en revanche, privés de leur nourriture végétale, seraient morts de faim et de froid, l'obscurcissement du ciel ayant très fortement réduit la température. Par ailleurs, les mammifères à sang chaud, capables de s'abriter dans des cachettes, vu leur petite taille, auraient mieux résisté grâce à des besoins plus modestes en nourriture et à leur bon mécanisme de régulation thermique.

LE TRIOMPHE DES MAMMIFÈRES

Après la disparition des dinosaures, plus particulièrement l'effacement du redoutable *Tyrannosaurus rex,* le plus grand carnivore de tous les temps, la vie s'en donna à cœur joie et une intense radiation évolutive se manifesta parmi les mammifères[1]. En 500 000 ans, le nombre de leurs espèces se multiplia par dix. Leur taille grossit, car c'étaient les plus petits qui avaient traversé la crise ; et ils occupèrent toutes les niches écologiques jadis encombrées par les dinosaures dominants.

1. Une « radiation évolutive » est une période d'évolution rapide en diverses directions d'une lignée en expansion.

Comme dans tous les épisodes d'extinction précédents, ce furent donc à nouveau les petits qui gagnèrent. Aucun animal de plus de 25 kilos ne survécut. Furent favorisées les plantes, qui savent attendre, car capables de conserver pendant des millénaires le pouvoir germinatif de leurs graines [1]. Et, chez les tout petits êtres, les gagnants furent ceux qui étaient capables de sporuler et de demeurer longtemps dans l'état de spore. Ce fut le cas des *Diatomées* marines qui traversèrent sans encombre l'épisode de l'extinction. Parallèlement aux mammifères, certaines espèces d'oiseaux, seuls descendants des dinosaures, se multiplièrent. Mais les reptiles volants et nombre de reptiles marins disparurent.

Le caractère sélectif des extinctions qui emportent tel groupe et non pas tel autre reste assez mystérieux et fait l'objet de nombreuses hypothèses. C'est que nous explorons ici les temps géologiques et des phénomènes au sujet desquels les questionnements sont plus nombreux que les certitudes. Une impression néanmoins se dégage : les plus faibles, ceux qui disparaissent les premiers, sont les gros carnivores, vite emportés lorsque les populations

1. On a réussi à faire germer des noyaux de dattes découverts dans la forteresse de Massada, en Palestine, remontant à environ 2 000 ans.

d'herbivores se raréfient, et ceux qui passent le cap, *de facto* les plus forts, sont les petits.

C'est encore vrai à l'acte V, remontant seulement à 13 000 ans, où la mégafaune, surtout nord-américaine, fut décimée : mammouths, paresseux géants, tigres à dents de sabre, espèces de chevaux... Les causes de cette extinction récente sont discutées, certains y voyant la responsabilité des chasseurs, d'autres la chute d'une nouvelle météorite, hypothèses qui suscitent aujourd'hui de vifs débats parmi les scientifiques.

Abritons-nous, pour conclure cette série d'épisodes, sous l'autorité indiscutable de Stephen Jay Gould, qui écrit : « Les petits animaux, pour une raison mal comprise, semblent avoir un avantage lors de la plupart des extinctions de base, en particulier celle du crétacé qui balaya les derniers dinosaures. Les mammifères pourraient donc avoir survécu à cette décimation en nombre principalement parce qu'ils étaient petits, et non parce qu'ils possédaient quelque avantage intrinsèque par rapport aux dinosaures, lesquels étaient alors condamnés par leurs dimensions. Les mammifères n'étaient sûrement pas petits parce qu'ils avaient perçu là quelque avantage futur ; ils étaient plus probablement restés petits pour une raison qui serait jugée négative en temps normal : c'est que les dinosaures dominaient dans leur environnement... Les titulaires ont l'avantage dans la nature aussi bien qu'en politique[1]. »

OÙ LA SOCIÉTÉ FAIT LE CONTRAIRE DE LA NATURE

Transposons ce modèle biologique à l'évolution des sociétés contemporaines. Partout la prime au gigantisme est manifeste. Des tours toujours plus hautes émergent de nos cités, devenues des mégalopoles de plus en plus vastes. On rêve déjà de tours de 1000 m, et Paris vient à son tour de décider de se hérisser de tours. Pourtant, le célèbre épisode de la tour de Babel laisse mal augurer de ces entreprises[2]. Autour de ces constructions orgueilleuses, de type phallique, naissent et se nourrissent les conflits d'usage en matière de « consommation » de l'espace, ainsi que les affrontements entre conceptions architectu-

1. Stephen Jay Gould, *Quand les poules auront des dents*, Fayard, 1984.
2. Genèse 11, 4-9.

rales. Car, comme à Babel, les tours divisent et isolent plus qu'elles ne rassemblent.

Parallèlement, les habitants évoluent comme leurs habitats. Dans les pays développés, la taille humaine a augmenté pour les garçons de sept centimètres en une seule génération. Les grands adolescents minces et longilignes sont plus hauts que leur père, et bien plus que leurs grands-pères. Le phénomène est aussi vrai pour les filles, quoique dans une moindre mesure. Du coup, les lits ont dû évoluer dans le même sens, prenant vingt centimètres depuis le début du siècle dernier, ce qui permettrait aujourd'hui de loger sans mal le général de Gaulle dans les préfectures qu'il visitait, casse-tête qui donnait naguère des migraines aux préfets chargés de l'accueillir. Les pieds s'allongent au même rythme, et les très grandes pointures ne sont plus exceptionnelles.

Un phénomène tout à fait analogue se dessine, on l'a vu, dans la sphère économique. Les multinationales ne cessent de grossir, se nourrissant par fusions amicales ou inamicales avec leurs concurrentes. Ainsi s'édifient des empires d'une puissance extraordinaire qui, grâce à des publicités opportunes, font l'admiration de tous. Les grandes entreprises, les grandes marques occupent les journaux, les radios, les télévisions, même lorsqu'elles ne risquent pas de puiser des clients dans leurs cibles. À quoi sert-il donc à Areva d'occuper les écrans, alors que nul téléspectateur n'ira bien évidemment acheter une centrale nucléaire ? Quant à ladite centrale, toujours plus grosse et toujours plus puissante de génération en génération – nous en sommes à la troisième –, elle s'inscrit parfaitement dans ce phénomène de gigantisme généralisé.

Dans la sphère politique, des hyper-puissances émergent, plus économiques que guerrières, et, avec elles, le nombre de milliardaires en dollars explose. Ils seraient plus de 1 200 actuellement, selon les enquêtes de la revue *Forbes*. Que penser d'une société où l'on devient milliardaire en une génération, voire en une seule décennie, comme en Inde ou en Russie ? Finirons-nous par n'avoir plus qu'une seule multinationale ?

Grossir à tout prix : tel est l'objectif. Et le mouvement s'accélère : toujours plus vite, toujours plus gros !

L'écologie, lorsque ses concepts s'appliquent à la révolution énergétique à venir, évolue en sens opposé : l'éolien, le solaire, l'hydrolien, la géothermie, autant de moyens de produire de l'énergie par la multiplication de petites unités. On s'étonne que les multinationales aient jusqu'ici raté ce rendez-vous : contrôler dans le monde entier tout l'éolien, ou tout le solaire, ou, comme le souhaiterait sans doute Monsanto, toute l'alimentation ! Certes, les instances compétentes de l'Union européenne veillent à maintenir une concurrence « pure et parfaite », selon la terminologie en vigueur, conforme aux canons du libéralisme dont Bruxelles a fait sa loi. Mais ce dogme revient à privilégier une compétition féroce entre les grands, censée permettre aux petits de consommer dans les meilleures conditions. Souhaitons à ces petits d'être les homologues des mammifères pendant la longue ère secondaire, dans l'attente de la disparition des dinosaures, autrement dit de ces mégastructures !

Aujourd'hui, un retournement s'impose. Priorité doit être désormais donnée aux petites entités évolutives. On privilégiera les énergies renouvelables implantées à proximité des lieux de consommation, et non une nucléarisation menée au pas de charge dans le monde entier, avec tous les périls qu'elle comporte sur les plans technologique (en matière de sécurité, de traitement des déchets, etc.) et géopolitique (dissémination du nucléaire dans des pays technologiquement peu avancés ou peu sûrs, avec risque de passage du nucléaire civil à la bombe). Sans compter les risques du terrorisme dont les réacteurs peuvent devenir une cible – celle d'un avion piraté par exemple – avec peut-être un nouveau Tchernobyl à la clef.

Priorité aussi à l'agriculture biologique, et non pas aux OGM ; à la vente directe des produits agricoles aux consommateurs sur les marchés ; aux producteurs du terroir, à la relocalisation des productions, au commerce équitable.

Priorité encore à l'économie solidaire, aux mutuelles étrangères au capitalisme spéculatif et financier si dévoyé, aux PME, à l'artisanat, aux réseaux associatifs de solidarité.

Priorité enfin à l'habitat en petits collectifs entourés de jardins, aux villes moyennes offrant une vaste gamme de services et évitant du même coup les longs déplacements en transport individuel vers les grands centres.

Bref, faisons comme la nature qui donna priorité aux petits mammifères évolutifs pleins d'avenir, et non aux monstrueux dinosaures déjà condamnés. Car ce monde où ne cessent de s'aggraver tensions et déséquilibres, comme on vient de le voir, s'effondrera tout comme ceux-là s'effondrèrent, tandis que le nouveau monde se construit déjà sous nos yeux dans la mouvance de l'écologie, où partout se font jour de nouveaux comportements.

En découle la nécessité absolue de changer de priorités et de faire les choix inverses de ceux qu'affichent trop souvent encore les décideurs économiques et politiques. Partout favoriser... les faibles ! Le changement de culture, voire de civilisation qui seul nous sauvera des catastrophes géopolitiques et écologiques annoncées est à ce prix.

Small is beautiful, écrivait Schumacher[1] à l'aube de l'ère écologique, il y a trois décennies. On mesure parfaitement ce que ce propos a de provocateur dans un monde qui va exactement dans le sens opposé à ce que la nature nous apprend, à savoir que les petits ne sont pas les plus faibles, qu'ils peuvent traverser sans dommage les temps difficiles, et puiser leurs forces dans leur solidarité.

1. Voir, *supra*, la note de la page 148.

DEUXIÈME PARTIE

Dans la société...

Heureux les doux, ils
auront la terre en héritage...

Matthieu 5, 4

CHAPITRE 12

L'homme, dernière invention de l'évolution ?

La place de l'homme

Notre vagabondage dans les quatre règnes du monde vivant : bactéries, champignons, végétaux et animaux, débouche sur la question de l'homme : qu'en est-il de son appartenance au monde animal ? Faut-il, dès lors qu'il émerge à la conscience, l'installer dans une sorte de cinquième règne ?

Les biologistes n'ont pas franchi ce pas, et sans doute n'ont-ils pas tort, puisque notre appartenance au règne animal s'impose à l'évidence. Pas plus que l'ensemble du monde vivant l'homme n'échappe aux lois universelles de la vie : se nourrir, se reproduire, communiquer, acquérir un territoire, au besoin le défendre, élever des petits. Et pas plus que dans les autres règnes il n'est aisé de faire chez lui un départ simpliste entre le fort et le faible.

Les ruses, les artifices, les facéties de la vie sont légion dans la nature comme dans la société. Entre parasitisme et symbiose, la frontière reste floue : on l'a vu dans le cas d'amibes parasitées par des bactéries. Et qui n'a connu dans sa vie des situations de symbiose se dégradant en comportements plus ou moins parasitaires, lorsque l'un pompe l'énergie de l'autre ? La frontière n'est pas moins floue entre proie et prédateur ; il advient qu'elle s'efface, ou que les rôles s'inversent, on l'a vu pour les homards et les buccins, ou encore pour les taons et les crapauds.

Parmi tous les exemples choisis dans la nature, le dualisme simpliste enfermant une réalité mouvante dans des catégories rigides est pris en défaut. Ce mode de pensée typiquement occidental tend à établir des barrières entre entités opposées : l'homme et la femme, le patron et l'ouvrier, et naturellement le fort et le faible. En découle une vision strictement hiérarchique de la société, parallèle aux hiérarchies que nous pensons percevoir dans la nature : nous opposons le prédateur et la proie, les animaux supérieurs complexes et dominants aux animaux inférieurs plus simples et subordonnés, les gros et les petits, en pensant que les premiers sont voués à manger les seconds. Ainsi s'établirait dans la nature comme dans la société un rapport de force au profit du plus fort et au détriment du plus faible. Or, tout ce qui précède montre que s'en tenir à de telles simplifications, c'est trahir la réalité subtile et complexe du monde vivant où force et faiblesse s'interpénètrent dialectiquement, moyennant des surprises et des retournements toujours possibles.

On sait combien biologistes et spécialistes en sciences humaines se disent perplexes devant de telles extrapolations de la nature à la société. Est-il raisonnable de réduire l'homme à sa seule dimension animale ? Évidemment non ! Mais, de l'animal, il a reçu un héritage commun à tous les vivants, qui l'enracine dans le vaste continent de la Vie. De là à sombrer dans les excès de la sociobiologie chère à Edward Osborne Wilson, selon laquelle tous les comportements humains seraient déterminés par les gènes, il y a naturellement un grand pas que l'on se gardera de franchir. Car l'émergence à la conscience modifie radicalement la donne.

OÙ L'ON COMPARE INTERNET AUX BACTÉRIES

Avec la conscience apparaît chez l'homme un potentiel nouveau : l'interfécondité de ses rencontres avec ses semblables. Il ne s'agit plus seulement d'une interfécondité sexuelle, qui ne serait que d'ordre physique ; celle-ci n'est possible, on le sait, qu'avec des êtres de notre espèce et de sexe contraire, par la fusion des gamètes. Cette barrière physique qui sépare les individus tombe dès lors qu'on passe, avec l'homme, de la sphère charnelle à la sphère psychique, celle où s'échangent les idées. La sphère psychique s'apparente par là davantage aux modes d'interfécondité des bactéries qui échangent librement leurs gènes comme nous échangeons librement nos idées. Dès lors, le champ des possibles se dilate à l'infini. Non point qu'entre les hommes et leurs cultures toutes les barrières soient abolies : on est de droite ou de gauche, croyant ou incroyant, musulman ou chrétien... Mais, à la différence des barrières génétiques, celles-ci peuvent être franchies – les conversions sont toujours possibles dans les deux sens – ou dépassées par le dialogue et le partage.

Telle est la grande nouveauté du « règne humain ». Cette potentialité propre à l'homme vient littéralement d'exploser sous nos yeux avec l'invasion des moyens modernes de communication. Internet a changé la face du monde. Pour l'humanité commence une nouvelle aventure dont on est en droit d'attendre le meilleur, même si nul ne méconnaît le moins bon dans les excès de toute nature qu'engendre une technologie émergente et invasive. Désormais sans limite dans ses possibilités de communiquer, l'homme est à même de partager avec ses semblables ce qu'il a de meilleur. Le village planétaire cher à MacLuhan donnera-t-il corps à la belle intuition de Teilhard de Chardin qui voyait les Monades humaines communier et converger vers un « point Oméga » symbolisant une humanité unie et réconciliée ? S'enrichir spirituellement des rencontres, aimer partager matériellement et moralement, placer l'autre au cœur de sa vie : tel est le champ des possibles qui s'ouvre à l'homme émergeant à la conscience.

Mais force est d'admettre que la société libérale ne facilite pas ce choix et que le chemin à parcourir est encore très long pour s'orienter vers cet objectif qui, avec l'apparition de l'homme, est la nouvelle et peut-être ultime étape de l'évolution biologique.

CHAPITRE 13

De la compétition à la solidarité

Les finalités proposées par la société libérale se résument en cette formule célèbre prêtée à Guizot : « Enrichissez-vous ». Le « rêve américain » l'a reprise et diffusée dans le monde entier. Est fort celui qui réussit et s'enrichit. Est faible le miséreux, celui dont l'austère pasteur anglais Malthus disait : « Malheur aux pauvres, ils seront les premiers privés ! » Sous-entendu : quand la démographie galopante rendra insuffisantes les ressources disponibles...

Dans les démocraties, le pouvoir politique tend à réduire les disparités par trop criantes en mettant en œuvre, au profit des plus démunis, une redistribution des revenus collectés par l'impôt sous forme d'aides diverses. Mais le libéralisme ne prise guère ces libéralités. Il préfère, comme il l'a toujours fait aux États-Unis, réduire les impôts des P-DG milliardaires, plutôt qu'attribuer des allocations aux mères célibataires en vue de leur assurer un minimum vital. C'est dire à quel point la société contemporaine favorise les hiérarchies en place et pratique, conformément aux principes « durs » du capitalisme, la loi du plus fort.

Les rats, à tous égards si proches de nous par leurs comportements, en font autant.

Une sombre histoire de rats

Un chercheur du laboratoire de biologie comportementale de l'université de Nancy, Didier Desor[1], a eu l'idée d'étudier les comportements sociaux de petites populations de rats. Il plaça pour cela six rats dans une cage dont l'unique issue débouchait sur une piscine qu'ils devaient nécessairement traverser pour atteindre leur nourriture. Il eût été logique de penser que les six rats se jetteraient à l'eau, nageraient de conserve et atteindraient ensemble la mangeoire. Il n'en fut rien. Le

1. C. Colin et Didier Desor, « Différenciations comportementales dans des groupes de rats soumis à une difficulté d'accès à la nourriture », *Behaviorial Process*, n° 13, 1986, p. 85-100.

groupe se scinda en nageurs et non-nageurs. Parmi ces derniers, deux individus tenaient le haut du pavé : lorsque deux des nageurs revenaient avec de la nourriture, ces deux-là les malmenaient, leur enfonçaient la tête sous l'eau jusqu'à ce qu'ils lâchent les vivres. Ce n'est qu'après avoir nourri les deux dominants, les exploiteurs, que les deux dominés, les exploités, pouvaient se permettre de consommer à leur tour leurs croquettes. Les exploiteurs, eux, ne nageaient jamais ; ils se contentaient de rosser les nageurs pour être nourris.

Hors ce couple exploiteurs-exploités, deux rats adoptèrent un autre comportement. L'un, plutôt robuste, nageait et semblait ne point craindre les exploiteurs ; il ramenait sa nourriture et la consommait sans manifester d'agressivité envers les exploités. L'autre occupait le bas de l'échelle : c'était le souffre-douleur ; incapable de nager, il n'avait d'autre choix que de se contenter les miettes tombées lors des combats.

Cette expérience fut conduite dans vingt cages avec chaque fois six rats ; chaque fois, la même hiérarchie se mit en place.

Le chercheur plaça ensuite six rats exploiteurs dans la même cage. Ils se battirent toute une nuit et, au matin, avaient recréé les mêmes rôles : deux exploiteurs, deux exploités, un souffre-douleur et un autonome.

Puis Didier Desor réunit dans une cage six exploités, dans une autre six autonomes, dans une troisième six souffre-douleur. Il obtint à nouveau le même résultat.

Il en conclut qu'il avait réussi à mettre au jour le système hiérarchique existant chez les rats. Quel que soit leur statut initial, une fois que plusieurs rats étaient réunis, on distinguait de nouveau parmi eux des dominants et des dominés, des forts et des faibles.

Puis il effectua une expérience dans une très grande cage contenant deux cents individus. Les combats furent féroces. Il retrouva le lendemain plusieurs rats morts, le corps déchiqueté, la peau arrachée. Parallèlement, les exploiteurs entretenaient des lieutenants à leurs ordres qui respectaient leur autorité sans qu'ils eussent eux-mêmes besoin de se donner le moindre mal pour terroriser les exploités.

Les chercheurs nancéens poursuivirent leurs expériences en analysant, à partir de l'étude des secrétions hormonales des rats, leur niveau de stress. Quelle ne fut pas leur surprise de constater que les plus stressés étaient les exploiteurs ! Sans doute ceux-ci redoutaient-ils de perdre leur statut privilégié, ou plus simplement d'être privés de nourriture en cas de défaillance de leurs affidés.

Ces expériences mettent ainsi en évidence les changements toujours possibles de statut lorsque changent les conditions de vie. Rien n'est jamais perdu, même pour les plus faibles qui peuvent alors se voir propulsés à leur tour au sommet de la hiérarchie...

Nul doute que des expériences analogues conduites sur des groupes de jeunes humains conduiraient à la reconstitution de pareilles hiérarchies, quoique atténuées par les imprégnations culturelles et sociétales. On le voit dans les dortoirs des lycées et les cours de récréation. L'armée russe n'est pas la seule institution où les bizutages sont féroces et les souffre-douleur parfois torturés à mort. La privation de nourriture faisait partie des habituels sévices infligés aux internes des pensionnats, avant que les plateaux individuels remplacent, dans les cantines scolaires, la pratique du plat commun dans lequel tout le monde puisait.

Toujours plus compétitifs

Ces expériences mettent en lumière les effets ravageurs de la compétition ; ils deviendraient désastreux si la nature ne les limitait par des mécanismes atténuant l'agressivité[1]. L'humanité fait de même, à travers toutes ses traditions philosophiques et spirituelles visant au même objectif, avec des effets certes mitigés.

Mais depuis le XVIIIe siècle a émergé une nouvelle manière de voir : le libéralisme naissant, constatant avec Hobbes que l'homme « est un loup pour l'homme », a valorisé l'esprit de compétition, indissociable de la mise en œuvre et de l'essor du capitalisme, d'abord dans les pays anglo-saxons, puis, désormais, dans le monde entier. Parallèlement, les exigences de solidarité sont de moins en moins évoquées ; le souci d'équité et de justice sociale ne figure plus dans les discours et les objectifs des responsables politiques ; c'est toujours le devoir de compétitivité qui est le plus mis en valeur.

1. On se reportera sur ce thème à mon ouvrage *La Loi de la jungle. L'agressivité chez les plantes, les animaux, les humains*, *op. cit.*, premier ouvrage de la trilogie.

La culture du résultat érigée en valeur suprême s'impose comme une véritable idéologie. On le voit à tous les niveaux : les consultants, les experts, les cabinets d'audit, les agences de notation les « coaches », les chasseurs de têtes prolifèrent. Tout comme les professeurs, ils mettent des notes. Chacun est sommé de valoriser son activité face à ces instances incontournables. Fonctionnaires et militaires aux carrières souvent modestes sont soumis à d'incessants concours ; leur vie entière est ponctuée d'examens pour de bien piètres rétributions liées à un grade ou à un échelon gagné.

Les hebdomadaires adorent classer les villes, les lycées, les hôpitaux. Dans les universités, les professeurs et chercheurs multiplient leurs comptes rendus d'activité ; ils se notent encore plus entre eux qu'ils ne notent leurs élèves. Les universités elles-mêmes sont classées, et l'on tremble dans l'attente du verdict du classement de Shanghai, qui ne fait pas la part belle aux campus français. En accédant à l'autonomie, ils deviendront enfin plus compétitifs, ne cesse-t-on de nous ressasser. Partout, des pôles d'excellence ou de compétitivité voient le jour. Les ministres eux-mêmes ne sont pas épargnés. Soumis à une obligation de résultat, ils subissent des audits et sont dûment notés, dit-on, comme tout un chacun. Les gagnants seront ceux qui auront supprimé le plus de casernes, de tribunaux ou d'hôpitaux. L'avenir est à qui sait réduire la voilure, ce qu'on appelle pudiquement « redéployer ». Dûment « dégraissés », les « mammouths » ne manqueront pas de recouvrer l'ardeur compétitive que leur assureront la légèreté et l'agilité reconquises. Ainsi, chaque jour davantage, la compétition élimine les petits, les faibles, affichant de plus en plus fièrement la loi du plus fort.

Le haut degré d'animalité qu'exprime cette nouvelle idéologie devenue prégnante montre l'immense chemin qui reste à parcourir pour passer de la compétition à la coopération, de l'individualisme à l'altruisme, de l'égoïsme à la solidarité ; ce qui n'exclut nullement l'émulation naturelle entre tous ceux qui veulent bien faire. Mais il s'agit alors de mettre en œuvre des valeurs morales, non d'instinctives pulsions de domination.

À l'échelon supérieur, le même processus se développe entre les entreprises, les régions, les nations, la mondialisation de l'économie offrant le cadre idéal dans lequel jouer la partie. La compétition internationale, les guerres économiques, les combats politiques, les luttes sociales, tout, jusque dans le langage, exprime une civilisation du conflit, voire du conflit généralisé au service de la puissance.

Laissons donc aux citoyens le soin de noter leurs élus par leur vote. Car il est logique qu'au sommet de la hiérarchie la compétition soit vive. Mais, au sein du corps social, faisons baisser la vapeur en sorte de gagner en sérénité. Car le coût à payer pour entretenir ce niveau de compétition est lourd. Le stress est partout : au travail, dans la rue, à la maison. Il nous épuise. L'expression « qualité de la vie » qui, il y a vingt-cinq ans, désignait encore le ministère de l'Écologie, n'est plus de mise. Ce concept est aujourd'hui derrière nous. Paradoxalement, jamais la compétition n'a été aussi forte et jamais l'ascenseur social n'a aussi mal fonctionné. Difficile, aujourd'hui, de sortir par le haut alors même que le mythe de la réussite à l'américaine est la seule valeur promue par nos sociétés. Pour le reste, à chacun de choisir ses repères dans un monde sans références morales, où tout se vaut et où tout s'abîme dans l'éphémère et la « peopolisation ». Mais qu'importe, pourvu qu'on soit un bon compétiteur, un « fort » !

JEUNES ATHÉNIENS ET SPARTIATES

Autres temps, autres mœurs. Changeons de décor. Dans les sociétés traditionnelles, mais aussi dans les grands empires d'autrefois, Chine, Égypte, Rome, et même dans la Chine d'aujourd'hui, la société proposait – ou imposait – des normes de comportement auxquelles tous étaient assujettis. Remontons à la Grèce antique où la récente démocratie athénienne entendait faire de ses jeunes de dignes citoyens. Il suffisait pour cela de dispenser une éducation capable de transmettre les valeurs de la patrie : la fidélité aux dieux, aux anciens, à la tradition. Une éducation capable de transmettre des valeurs : y a-t-il plus noble tâche ? Là, le culte de la compétition demeure, mais seulement dans les stades. La force, la vertu consistent à se couler dans les normes éthiques et sociales de la cité.

Dans sa célèbre comédie *Les Nuées*, Aristophane vante, en 423 avant Jésus-Christ, les vertus roboratives de l'éducation à l'ancienne qui forma les vainqueurs de Marathon. Les adolescents vertueux, beaux et bons, se devaient de faire honneur à la Patrie. Ils se rendaient à l'école de musique en chantant des hymnes patriotiques. « Chez le maître de gymnastique, assis au repos, les enfants devaient allonger la jambe pour ne rien montrer de choquant aux étrangers, et, en se relevant, prendre soin, en aplanissant le sable, de ne pas laisser à leurs soupirants l'empreinte de leurs charmes. » Pas étonnant, dès lors, que ces jeunes gens présentassent « le teint bien vermeil, les épaules larges, le torse musclé, la fesse dodue, la verge menue, la langue succincte... » Mais l'éducation nouvelle qui se répand lorsque l'auteur écrit ces lignes produit un type d'adolescent complètement opposé, « le teint blafard, les épaules maigres, le torse fluet, la fesse chétive, la verge pesante, la langue pendante, la harangue à n'en plus finir ». Ces nouveaux adolescents satisfont leurs penchants en tout genre : « jouvenceaux, fables, jeux de table, bonne cuisine, beuverie, rigolade ». Au lieu d'occuper leur temps au gymnase, ils traînent sur le pavé à « jacasser dans des argumentations emberlificotantes ». On conçoit que quelques années plus tard, après l'apogée du siècle de Périclès, les Athéniens aient capitulé devant les Spartiates, connus par les mœurs austères auxquelles ils ont laissé leur nom. Ces jeunes Athéniens avaient basculé dans l'anomie ; ils étaient devenus faibles.

On dit que l'histoire se répète. Rien n'est moins sûr. Mais, dans ce « glissement » de la jeunesse athénienne, comment ne pas voir certains traits inquiétants d'éléments de notre propre jeunesse ?

Être fort parce que poussé par l'instinct de domination et de compétition, comme aujourd'hui, ou fort parce que fidèle, respectueux et moulé dans la norme sociale, comme autrefois : voilà deux points de vue très différents, le faible étant toutefois, dans les deux cas, l'inadapté au modèle social dominant de son temps.

La troisième voie

Il existe pourtant une troisième voie : non plus le « glissement » vers la facilité, déploré par Aristophane, mais la dissidence, le retournement par rapport aux normes en vigueur, la conversion.

Socrate paya de sa vie, en 399 avant notre ère, d'avoir osé introduire le questionnement philosophique au cœur de la société grecque qu'étouffait le poids des conventions sociales. Au-delà de la norme, principe auquel devait se référer tout jugement de valeur, il amenait les jeunes à s'interroger sur la vérité. On l'accusa d'impiété et de corruption de la jeunesse, et il dut boire la ciguë.

Jésus subit le même sort tragique en l'an 30 de notre ère. Par ses paroles et ses actes il appelait à un retournement complet des valeurs, à une conversion de l'esprit et du cœur. Il osa remettre en cause l'interprétation littérale, rigoriste et tatillonne de la Torah par les autorités juives de son temps, leur reprochant de mettre des « fardeaux accablants » sur les épaules des pauvres gens[1]. Or ces pauvres étaient ses préférés : « Bienheureux les pauvres ! Ceux qui sont doux, naïfs, souffrants, persécutés, en larmes... voilà les bienheureux[2] ! » Et les enfants, si méprisés à son époque, étaient le modèle proposé à ceux qui cherchaient le royaume de Dieu.

Le 16 août 1947, Gandhi tombait sous les balles d'un hindou fanatique. Son crime ? Avoir engagé toute son influence pour rétablir la paix religieuse entre musulmans et hindous alors même qu'un long combat non violent avait abouti à l'indépendance de l'Inde, mais aussi à sa partition entre les deux grandes familles religieuses du sous-continent, violem-

1. Luc 11, 46.
2. Matthieu 5, 3-12.

ment opposées. Mystique et politique, ascète et meneur de foules, cette immense figure du XXe siècle inscrivit son action politique, mais aussi sociale, en faveur des plus pauvres, dans les valeurs portées par tous les grands courants spirituels de l'humanité. Il se disait un « idéaliste politique », et considéra son œuvre comme « une expérience de vérité », titre qu'il a donné à son autobiographie. Pour lui, Dieu est justice et vérité. Immense est son mérite d'avoir donné ses titres de noblesse au concept de non-violence, en faveur duquel les Églises chrétiennes étaient restées bien frileuses au long de l'Histoire (tout comme l'hindouisme, d'ailleurs). La non-violence : ultime force pour résoudre les conflits. Seul face au puissant Empire britannique, il l'emporta tout comme Jésus, jadis, silencieux, face à Pilate et au non moins puissant Empire romain.

La force ultime ? Le silence du faible, précisément, non les compétiteurs hâbleurs et stressés, ni les normés si... bornés !

CHAPITRE 14

La force des faibles

Au commencement est la peur. Chacun a ses peurs, mais certaines sont communes à tous : peur de mourir, peur de manquer, peur de la maladie, peur de vieillir, d'être abandonné, peur de l'oppresseur, des catastrophes naturelles, des guerres, des menaces écologiques...

PULSIONS INSTINCTIVES ET CONSCIENCE MORALE

Face à ces peurs avouées ou cachées, les réactions divergent. On fuit, on subit, on encaisse, on déprime, on tremble : ce sont les réactions des faibles. Ou, à l'inverse : on s'impose, on se sent sûr de soi, on ne doute de rien, on domine la situation : ce sont les réactions des forts. Dans le premier cas, les signes de faiblesse sont apparents ; dans le second, la faiblesse ne se devine pas. Le faible se plaint, le fort se tient. Pourtant, une réaction forte peut être un aveu de faiblesse : ainsi une explosion de colère. À l'inverse, une réaction apparemment faible, le silence face aux injures, témoignera d'une grande force intérieure. Comme dans la nature, le jeu est dialectique et il n'est pas sûr qu'il y ait là deux types humains radicalement opposés : forts et faibles. Car en chacun deux forces s'affrontent : le besoin de vivre, de respirer, de s'épanouir, d'avancer, serait-ce au détriment d'autrui, quitte à écraser ceux qui nous résistent et à faire des autres les dociles instruments de nos ambitions. À cette pulsion de vie commune à l'ensemble du monde vivant s'oppose, chez l'homme, la conscience morale qui conduit à sentir que tel acte est injuste, que le faible doit être secouru, que l'autre peut et doit être aimé comme tout un chacun aimerait l'être lui-même : une intuition d'un ordre supérieur qui limite harmonieusement l'espace vital de chaque individu au sein de la nature et de la communauté.

Tous les humains se sentent contradictoirement habités par ces deux inclinations, d'où résultent tant de conflits intérieurs. Faut-il faire taire sa conscience pour donner libre cours à son instinct vital, ou bloquer celui-ci et risquer de se faire écraser par autrui ? Poussé à l'extrême, les deux termes de l'alternative sont pathologiques : ils conduisent l'un et l'autre à la destruction de l'harmonie de la personne, l'un par refoulement de l'instinct de vie, l'autre par refoulement de la conscience.

Le faible « galère » et accumule les épreuves. La souffrance est sa compagne. Il ne s'y accoutume pas, car elle reste toujours douloureuse ; mais il s'en fait une raison et il l'apprivoise comme une part incontournable de lui-même. Comme le roseau, il plie, et c'est aussi ce qui fait sa force.

Le fort, au contraire, est sûr de lui. Il s'impose sans complexe et se durcit au fur et à mesure de ses « expériences » (il n'emploie pas le mot « épreuves ») qui le sclérifient. Comme le chêne, son modèle, il se blinde. Mais le temps joue contre lui. Cette force qui ne l'a jamais quitté, il la sent insidieusement se dérober, elle semble lui échapper. Sentiment étranger au faible qui n'a jamais rien su ni connu de cette force primaire, animale, brute, parfois bestiale. Sa force, c'est d'avoir vécu, ou plutôt survécu d'épreuve en épreuve, comme porté par une force qui serait venue d'ailleurs, qu'il ne ressent pas comme émanant de lui, puisqu'il n'en éprouve point les effets. Il sent confusément qu'au-delà de sa faiblesse il y a plus grand que lui, une force mystérieuse qui lui permet de tenir malgré tout : la nature, la vie, Dieu, peut-être...

Mais où se niche donc la faiblesse du fort ? Peut-être dans le fameux « Quand on veut, on peut », adage à prendre avec précaution. « Je veux chasser mes pensées parasites quand je médite... » ; « Cet adversaire, ce concurrent, je finirai bien par l'avoir... » ; « Ça passe ou ça casse... » : pourtant, les pensées parasites ne partent pas, l'adversaire résiste, et, contre toute attente, se renforce... Pourtant, le fort ne cède pas. Ce faisant, il s'épuise dans sa volonté farouche de devenir toujours plus fort, pour vaincre. Et comme ça résiste encore, il s'empoisonne la vie ; le voici malheureux, désemparé. Remède proposé par toutes les spiritualités : accepter enfin de lâcher prise, de devenir souple... Faible, en quelque sorte ?

Confronté à une épreuve soudaine et sévère, le fort s'effondre et casse, comme le chêne déraciné par la tempête. Les confidences recueillies ici et là auprès de psychothérapeutes attestent qu'aux souffrances bien visibles des faibles répondent les souffrances cachées des forts. Les grands dominants éprouvent souvent un sentiment de solitude et d'angoisse à l'idée de ne pouvoir conserver leur statut. Des réactions qui évoquent celles des rats dominants dans l'expérience relatée plus haut.

La résolution du conflit entre la poussée de l'instinct et les exigences de la conscience morale n'est pas d'ordre psychologique, mais d'ordre spirituel. La nature, Dieu pour les croyants, nous a dispensé et notre instinct de vie et notre conscience morale. L'un et l'autre sont indestructibles. Leur conciliation dans l'harmonie exige donc le dépassement d'une vision dualiste qui les opposerait. Ce dépassement, c'est la prise de conscience que je ne suis pas seul avec mes points forts et mes points faibles. Il y a les autres – pour les croyants, « l'Autre ». C'est en partageant avec autrui que les oppositions s'atténuent. Il est faux de dire qu'on ne s'en sort jamais que tout seul. Nous avons tous besoin les uns des autres.

Comment la Bible considère la faiblesse

Dans la mouvance de Nietzsche, on a tendance à prendre les réactions de faiblesse comme une conséquence de la morale chrétienne. Rien n'est plus faux, même si chrétiens et incroyants entretiennent de concert cette dangereuse confusion. Partout dans la Bible, nous voyons des hommes faibles accomplir une mission qui semblerait les dépasser ; 365 fois la Bible dit : « Ne crains pas ! » Et elle le dit à ceux qui se sentent faibles, justement.

À la mission que Dieu lui confie, Moïse répond : « Je T'en prie, Seigneur, je ne suis pas doué pour la parole... J'ai la bouche lourde et la langue lourde. » Réticent à l'injonction divine de porter son message, il ajoute : « Je T'en prie, Seigneur, envoie-le dire par qui Tu voudras. [1] »

Plus tard, c'est au plus petit des fils de Jessé, le jeune berger David, qu'est confiée la royauté sur Israël. Et il ose affronter le géant Goliath.

Lorsque le Seigneur annonce à Jérémie qu'il en fait son prophète, ce dernier lui répond : « Ah, Seigneur Dieu ! Je ne saurais parler, je suis trop jeune » ; le Seigneur lui dit : « Ne dis pas : je suis trop jeune ; partout où je t'envoie, tu y vas ; tout ce que je te commande, tu le dis. N'aie peur de personne, je suis avec toi pour te libérer[2]. »

1. Exode 4, 10-13.
2. Jérémie 1, 6-8.

Le prophète Élie, menacé dans sa vie pour avoir osé s'élever contre le roi Achab, s'enfuit et se cache, épuisé, sous un genêt. Le Seigneur se révèle à lui dans le bruissement d'un souffle. Il lui dit : « Va, reprends ton chemin[1]... » Et Élie se remit en route.

Dans le Nouveau Testament, saint Paul – Paul, formé à partir de l'adjectif latin *paulus*, signifiant petit, faible –, dans un passage célèbre, évoque l'écharde dans sa chair qu'enfonçait un ange de Satan chargé de le frapper pour lui éviter tout orgueil et rapporte que le Seigneur lui déclara : « Ma grâce te suffit, ma puissance donne toute sa mesure dans la faiblesse. » Et Paul d'affirmer alors : « Aussi mettrai-je mon orgueil bien plutôt dans mes faiblesses, afin que repose sur moi la puissance du Christ [...]. Car lorsque je suis faible, c'est alors que je suis fort[2] ». Il ajoute ailleurs : « Je peux tout en celui qui me rend fort[3]. »

Faisant écho à Paul, le docteur Paul Tournier cite le cas d'un de ses patients, un ecclésiastique à l'âme délicate et tourmentée, confronté à de grandes difficultés physiques et psycholo-

---

1. 1 Rois 19, 4 et 19, 11-15.
2. 2 Corinthiens 12, 9-10.
3. Philippiens 4, 13.

giques : « Ce qu'il y avait de grand chez cet homme, comme en tout homme, c'est ce qui ne venait pas de lui. C'est que cet homme, dont je connaissais les misères secrètes, apportait avec une force incomparable le triomphant message de la grâce à d'innombrables âmes qui accouraient à lui. Et moi-même, dans une consultation, tout confus de l'insuffisance de la médecine, je recevais de lui bien plus que je ne lui donnais. Il y avait un contraste étonnant entre la détresse de sa nature humaine, de son corps si faible, de son psychisme si fragile, et la puissance spirituelle qu'il avait reçue de Dieu et dont l'éclat était rehaussé par ce contraste [1]... »

Voilà la force qui n'écrase personne. C'est ce qu'exprima Pascal dans un texte émouvant sur « le bon usage de la maladie ». Musset, de son côté, exprimait ce même constat :

« L'homme est un apprenti... La douleur est son
[maître
Et nul ne se connaît tant qu'il n'a pas souffert,
C'est une dure loi, mais une loi suprême,
Vieille comme le monde et la fatalité,
Qu'il nous faut du malheur recevoir le baptême
Et qu'à ce triste prix tout doit être acheté [2]. »

---

1. Paul Tournier, *Les Forts et les Faibles*, Neuchâtel, Delachaux et Niestlé, 1948.
2. Cité par Paul Tournier, *op. cit.*

De la vengeance à la non-violence

Qu'une force puisse émaner d'une apparente faiblesse : tel est le fruit du progrès de la conscience et de la civilisation. Au début de la Genèse, un descendant de la lignée de Caïn exprime sa soif de vengeance. Lamek dit à ses femmes : « Oui, j'ai tué un homme pour une blessure, un enfant pour une meurtrissure. Car si Caïn est vengé sept fois, Lamek le sera soixante-dix-sept fois [1]... » Le cycle destructeur des vengeances en série, si bien mis en lumière par René Girard, va toutefois être tempéré par la loi du talion à laquelle les Hébreux de l'Ancien Testament sont invités à se soumettre. Désormais, l'acte vengeur sera proportionné au degré de l'offense : œil pour œil, dent pour dent. Puis, dans le Nouveau Testament, la victime est invitée à ne pas répondre à l'offense, mais à tendre la joue gauche. La non-violence se substitue à la vengeance.

C'est dans ce dilemme que se débat depuis soixante ans l'État d'Israël. Les ripostes de son armée aux agressions provoquées par des extrémistes palestiniens sont généralement disproportionnées, et le nombre de victimes de

1. Genèse 4, 23-24.

part et d'autre l'est aussi. Pour affirmer sa force et sécuriser son territoire, Israël n'hésite pas à s'installer dans une dangereuse situation de non-droit : la poursuite de la colonisation de la Cisjordanie, la construction du mur qui, désormais, l'encercle, s'inscrivent dans une situation des plus tendues, où la force prime le droit. On comprend la peur que ressent ce petit État cerné par des puissances hostiles : d'où, à ses yeux, l'absolue nécessité d'être en toute circonstance le plus fort et de le démontrer par le moyen des armes. Pourtant, ces positions souvent extrêmes ne sont pas partagées, et de loin, par toute la population israélienne. Il faut espérer que la situation finira par s'inverser et qu'Israël gagnera la paix et la sécurité s'il sait montrer sa vraie force : sa capacité de résister à la tentation d'écraser l'adversaire, et d'entrer enfin dans un vrai processus de paix et de réconciliation. Ce à quoi participe magnifiquement et symboliquement l'orchestre mixte israélo-palestinien de Daniel Barenboïm [1].

Dans *Cinna ou la Clémence d'Auguste*, Corneille met en scène le grand empereur, « maître de lui comme de l'univers ». Or sa force, il la manifeste en pardonnant à celui qu'il tenait

---

1. Daniel Barenboïm, *La musique éveille le temps*, Fayard, 2008.

pour son ami et qui l'a trahi, ourdissant un complot contre sa personne en vue de l'assassiner. Il n'est d'issue aux conflits qui opposent les personnes ou les États que le pardon et la non-violence, ces deux attributs de la véritable force, celle du cœur mais aussi de la raison réconciliés, la légitime défense n'intervenant qu'en toute dernière instance. Et il n'est jamais trop tard pour reconnaître ses erreurs ou accorder son pardon. Le grand Abraham Lincoln ne s'est nullement déshonoré lorsqu'il dit un jour à l'un de ses plus brillants généraux : « Vous aviez raison, j'avais tort : je vous demande pardon ! »

LA FORCE DES VALEURS MORALES

Pourtant, la société ne privilégie pas ces valeurs. Certes, force intellectuelle (les cursus scolaires et universitaires) et force physique (le sport professionnel, grand pourvoyeur de vedettes médiatiques) sont promues et valorisées. Et plus encore la force compétitive dont il a été question plus haut. Mais la force morale fondée sur les valeurs du cœur et de l'esprit est entièrement exclue des préoccupations sociales et ne fait l'objet d'aucune reconnaissance.

Alexis Carrel s'en étonnait lorsqu'il écrivait en 1944 : « À nous, hommes d'Occident, la raison semble très supérieure à l'intuition. Nous préférons de beaucoup l'intelligence aux sentiments ; la science rayonne, tandis que la religion s'éteint ; nous suivons Descartes et délaissons Pascal. Aussi cherchons-nous d'abord à développer en nous l'intelligence. Quant aux activités non intellectuelles de l'esprit, telles que le sens moral, le sens du beau et surtout le sens du sacré, elles sont négligées de façon presque complète[1]. » Jadis, les académies attribuaient encore des prix de vertu, concept étrangement vieillot aujourd'hui, car nous sommes engagés, individuellement et collectivement, dans une fausse échelle de valeurs qui sert de matrice à ce que nous qualifions pourtant de « civilisation » ; une civilisation qui ne reconnaît que les rapports de force et refoule tout ce qui pourrait trahir la « faiblesse » humaine, le besoin d'affection, celui de croire, les sensibilités artistiques, refoulant jusque dans les tréfonds la néanmoins persistante nostalgie de Dieu. C'est ce monde-là qu'il faut remettre à l'endroit, et nous y sommes aidés par quelques hautes figures qui nous indiquent le chemin de cette révolution

1. Cité par Paul Tournier dans *Les Forts et les Faibles*, *op. cit.*

des esprits et des cœurs. Ainsi du rayonnement exceptionnel du pasteur Martin Luther King, de Nelson Mandela, de Gandhi, du Dalaï-Lama, de Soljénitsyne, de mère Teresa, et, en France, de l'Abbé Pierre ou de sœur Emmanuelle qui, tous, ont transformé leur apparente faiblesse en une force morale reconnue du monde entier.

Mais le monde ne reconnaît pas que la force morale. Il aime les héros, auraient-ils couché des millions de morts sur les champs de bataille. En France, Napoléon est de ceux-là tandis que le discret Robert Schuman n'occupe qu'un très humble strapontin dans la considération de nos concitoyens...

CHAPITRE 15

Napoléon et Schuman

Les grands Français

Il y a des rois forts et des rois faibles, des républiques fortes, telle que se considère la nôtre, et des républiques faibles, comme la IVe, aujourd'hui si décriée. À cette lumière, considérons l'étrange parallélisme de deux destins qui furent confrontés aux mêmes défis et qui les résolurent de façon diamétralement opposée.

L'un est une des plus grandes figures de notre histoire. Il fait partie des sept noms que tous les Français sont censés connaître : Vercingétorix, Clovis, Charlemagne, Louis IX (Saint Louis), Louis XIV (le Roi Soleil), Napoléon et Charles de Gaulle. Chacun à sa manière a laissé une marque profonde dans la mythologie nationale. Parmi eux, Napoléon ne fut pas le moindre. Ses épopées militaires s'inscrivent parmi les noms gravés sur l'Arc de triomphe ou sur les plaques des rues parisiennes. C'est le fort.

Et voici maintenant le faible, un obscur président du Conseil de la IVe République, quasiment inconnu des Français, sinon des Européens : Robert Schuman, un Lorrain de Moselle, né à Luxembourg, biculturel, comme beaucoup d'hommes des régions de marge.

L'un et l'autre eurent à relever deux défis : leur confrontation avec la Russie et leur ambition de construire l'Europe. Ils les relevèrent chacun à leur manière.

Le sacre de Napoléon, immortalisé par le peintre David, illustre la gloire et la superbe de l'Empereur se couronnant lui-même en saisissant la couronne des mains du pape et en se la posant sur la tête. L'autre est un homme modeste, aux apparences insignifiantes, médiocre orateur, discret, provincial, dont la vie simple ne cadre nullement avec l'image d'un homme d'État. Pour Jacques Fauvet, éditorialiste au *Monde*, « il pèse longuement ses arguments comme un vieux pharmacien ses pilules ». D'autres voient, dans son allure maigre et voûtée, le profil « d'un notaire de province ou d'un jeune communiant monté en graine, un homme qui serait né vieux ». Terne, effacé, il fuit le décorum, aime à prendre le bus et se défie des motards de la gendarmerie qui l'accompagnent parfois, dont il dit qu'ils ont fait perdre la tête à beaucoup de ses collègues. Célibataire, vivant comme un ermite dans sa propriété de Scy-Chazelles[1], près de Metz, avec une gouvernante sourde, un homme d'aussi faible apparence ne pouvait guère espérer un destin. On le disait avare, car il ne quittait jamais ses ministères sans prendre le soin d'éteindre les lampes quand ses collaborateurs avaient négligé de le faire. Écolo avant la lettre, grand amoureux de la nature, il faisait de longues promenades quand son emploi du temps le lui permettait.

LE 9 DÉCEMBRE 1947

Robert Schuman a exercé ses fonctions en une période extrêmement critique de l'histoire de la France contemporaine. À peine investi président du Conseil, en novembre 1947, il dut faire face à des grèves et à des émeutes insurrectionnelles d'une rare violence fomentées par le parti communiste, très puissant à l'époque,

1. Cette belle maison lorraine fut repérée puis proposée en 1926 à Robert Schuman par mon oncle Louis et ma tante Annie, frère et belle-sœur de mon père. Il l'acquit aussitôt.

et par sa « courroie de transmission », la CGT. Ces grèves entraient dans un plan concocté par Moscou, visant à faire tomber la France dans le giron de l'empire stalinien, comme y étaient déjà tombées coup sur coup les démocraties du Centre et de l'Est européens : la Bulgarie, la Roumanie, la Hongrie, la Tchécoslovaquie, la Pologne. Les piquets de grève empêchaient l'accès aux lieux de travail, et la France entière était paralysée comme elle le serait plus tard, en mai 1968. Mais si Mai 68 reste une date fétiche dans notre mémoire contemporaine, tout le monde a oublié novembre 47. Pourtant, la République était réellement en danger.

Violences et sabotages se multiplient alors dans tout le pays. Le train postal Paris-Lille déraille près d'Arras, faisant seize morts, et sur le PLM, une catastrophe est évitée d'extrême justesse. On sème des clous sur les routes. Dans les mines, les services de sécurité ne sont plus assurés. À Valence, 3 000 manifestants conduits par le maire communiste s'emparent de la gare et retiennent deux agents en otages. À Marseille, on obstrue une route en faisant sauter des rochers. La CGT exige des négociations immédiates, à des conditions exorbitantes. Le malheur semble s'acharner sur la France lorsqu'on apprend la mort, survenue dans un accident d'avion, du maréchal Leclerc, héros national.

Schuman tient bon. Il décide de rappeler 80 000 réservistes pour assurer l'ordre public. Mais ses ministres se débandent, ils ne veulent pas « avoir du sang sur les mains ». L'Assemblée nationale siège sans discontinuer, du 28 novembre au 4 décembre. La relation de cette session interminable occupe 250 pages au *Journal officiel*. Les injures les plus violentes sont proférées à l'endroit du président du Conseil. Elles viennent des bancs communistes, surtout de Jacques Duclos. On le traite d'« assoiffé de sang », de « chien couché », d'« officier boche », de « salaud », etc. On en vient aux mains. Les huissiers sont obligés d'intervenir. Le 8 décembre, mû par une impulsion intérieure, Schuman se rend à la salle des Quatre-Colonnes de l'Assemblée et annonce aux journalistes que le gouvernement ne cédera pas d'un pouce[1].

Au sein du gouvernement, beaucoup de

1. Simultanément, ce même jour, le 8 décembre 1947, fête de l'Immaculée Conception, la vierge apparaît à quatre fillettes à l'Île Bouchard en Indre-et-Loire. Elle invite les petits enfants à prier pour la France, car elle en a grand besoin. Ces apparitions ont été reconnues le 8 décembre 2001 par Mgr Vingt-Trois, actuel archevêque de Paris, alors archevêque de Tours. Les apparitions cessèrent le 14 décembre.

flottement et peu d'alliés : le fidèle ministre socialiste de l'Intérieur, Jules Moch, et le benjamin du Conseil, un jeune homme de trente et un ans, François Mitterrand, ministre pour la première fois. Dans cette tempête, il lui reste absolument fidèle. La fermeté sans faille de cet homme doux mais pas mou impressionne à tel point ses collègues qu'ils voient à cette occasion se dessiner en lui le début de ce qui sera une grande carrière politique.

Le jour suivant, 9 décembre, la CGT retire subitement son ordre de grève. La France n'a pas basculé dans l'orbite soviétique ; événement considérable dont on est stupéfié de voir à quel point il a été gommé du souvenir de nos contemporains. C'était, il est vrai, sous la IVe République, à laquelle l'histoire contemporaine et les tenants de la Ve ont décidé de ne reconnaître aucun mérite...

Schuman, le faible, l'insignifiant, le mal connu, le mal-aimé, a gagné. Il a confié plus tard avoir vécu ces événements dans « un état de prière quasi continu ». La CGT, elle, ne sortit pas indemne de cette épreuve de force d'une rare violence puisqu'une scission en son sein entraîna alors la création de FO (Force ouvrière).

Napoléon aussi s'est confronté à la Russie.

Mais c'est à lui qu'appartint l'initiative du conflit. Dubitatif sur l'engagement à ses côtés du tsar Alexandre Ier contre l'Angleterre, ennemie jurée de son régime, l'Empereur choisit la manière forte afin de ramener le tsar dans son camp. Ce fut la campagne de Russie, prévue comme une guerre éclair, qui tourna à la tragédie que l'on sait. Sur les 675 000 hommes de la Grande Armée qui avaient passé le Niémen en juin 1812, 18 000 seulement revinrent en décembre, et quelques autres un peu plus tard. La grande aventure de l'Empereur touchait à sa fin, les guerres avaient donné leurs fruits amers : des morts, le déclin, la chute.

LE 9 MAI 1950

Victime du nazisme, comme la plupart des Lorrains, Robert Schuman chercha, dès son accession au gouvernement, à assurer à l'Europe une paix durable. Par un habile coup de poker mené avec son ami et complice Jean Monnet, il donna le signal du départ de la construction européenne dans le discours historique du 9 mai 1950 qui marque l'origine de cette grande aventure encore inachevée.

L'histoire a retenu la rare habileté avec

laquelle Schuman, alors ministre des Affaires étrangères, enleva quasiment à la sauvette la décision du Conseil des ministres. Il sut contourner, en fin diplomate, l'hostilité de bon nombre de ses collègues, politiciens français tenant en haute suspicion l'Allemagne d'Adenauer.

Dès qu'il eut en main le projet de Jean Monnet, il rentra à Metz, le samedi 29 avril 1950. La décision d'assumer politiquement ce projet et de le faire aboutir fut prise le dimanche 30 avril, dans sa demeure de Scy-Chazelles, et il ne fallut que neuf jours pour que le processus européen soit mis en branle par le discours du 9 mai. Metz, berceau de la famille de Charlemagne, fondateur de la toute première Europe, est donc la ville d'où partit l'aventure de l'Europe contemporaine en cette journée de printemps 1950. Elle peut se prévaloir d'être le berceau historique de l'Europe, titre qu'aucune ville du continent ne saurait lui contester. Depuis près de soixante ans, la paix règne en Europe, ce qui ne lui était jamais arrivé jusque-là.

Ce même rêve européen renvoie à Napoléon qui fit campagne en Italie, en Espagne, en Autriche et en Prusse, étendant par ses conquêtes militaires le territoire national. Désormais, la France n'était plus un hexagone.

Elle comptait en 1812, juste avant la chute, pas moins de 130 départements, allant des Bouches de l'Elbe, à Hambourg, au Tibre, à Rome. Elle englobait les Pays-Bas dont une partie deviendrait ultérieurement la Belgique, le Luxembourg, une fraction de l'Allemagne et une large fraction de l'Italie.

Or ce sont précisément ces six pays qui constituèrent le noyau de départ de l'Europe, dit la « petite Europe », imaginée et mise en œuvre par le plan Schuman-Monnet. Ici, plus de conquêtes : simplement, une commune volonté de vivre, de partager et de travailler ensemble au sein d'une nouvelle entité.

La chute de l'Empire ramena promptement la France dans ses limites actuelles (hormis Nice et la Savoie qui nous rejoindraient plus tard). Ce « rétrécissement » lui conserva la belle harmonie hexagonale que nous lui connaissons. L'Europe de Robert Schuman, au contraire, n'a cessé de grandir – trop vite, peut-être – pour réunir aujourd'hui 27 États membres.

Poursuivons le jeu des comparaisons. Schuman fut le premier président du Conseil français à introduire une femme dans son gouvernement : Mme Germaine Poinseau-Chapuis, ministre de la Santé et de la Population. En revanche, Napoléon nous a laissé un Code civil particulièrement défavorable à la condition féminine que la Révolution avait voulu améliorer. Au ministère de la Justice qu'il occupa plus tard, Robert Schuman se singularisa par sa volonté de renforcer l'indépendance de la magistrature et la défense des droits de l'homme. Napoléon a de son côté rétabli l'esclavage aboli par la Révolution dans les colonies des Antilles.

Mais restons-en là. Il ne s'agit pas, on l'aura compris, d'enfoncer l'Empereur ni d'auréoler Robert Schuman. Ce dernier avait aussi ses travers. Mais, dans les moments décisifs, il fut éblouissant.

LE « PÈRE DE L'EUROPE »

À comparer ces destins dont l'un s'achève par l'exil de Sainte-Hélène et l'autre par l'attribution, par l'Assemblée parlementaire européenne dont il fut le premier président, du titre de « père de l'Europe », on voit se dessiner deux cheminements rigoureusement opposés. L'Empereur ne compte que sur lui-même ; c'est un meneur, un athlète de la politique, un fort, seul inspirateur et moteur de ses actes de gouvernement. Schuman, lui, s'inscrit dans une logique toute différente. Il est en relation avec l'Autre, sorte de témoin, soldat au service d'une cause, de l'intérêt national, parfaitement étranger à tout plan de carrière comme à toute ambition personnelle. À son décès, on inscrivit sur son image mortuaire une phrase qu'il avait faite sienne : « Nous sommes tous des instruments bien imparfaits d'une Providence qui s'en sert dans l'accomplissement de grands desseins qui nous dépassent. »

Aucun mythe, aucune admiration, aucune reconnaissance ne s'est développé autour de la carrière de Robert Schuman. Son nom est plus que discret dans les manuels d'histoire. Et lorsque, chaque année, on célèbre la fête de l'Europe, le 9 mai, les médias se gardent bien d'évoquer son nom, pourtant inséparable de cet acte fondateur. Tandis que les capitales européennes, Bruxelles en particulier, ont consacré à Robert Schuman d'innombrables places, immeubles, avenues, monuments, gares, il se contente à Paris d'une artère minuscule. On l'a même dépossédé du mérite d'avoir réconcilié la France et l'Allemagne, mérite que lui reconnut pourtant en termes chaleureux le chancelier Adenauer dans une lettre qu'il lui adressa le 10 septembre 1962, à l'occasion de la visite du général de Gaulle outre Rhin, quelques jours plus tôt, soit douze ans après la spectaculaire réconciliation du 9 mai 1950 ! Adenauer lui écrivit : « C'est vous [...] qui avez posé les fondements de l'amitié qui, désormais, lie si étroitement nos deux pays [...]. Je me sens incité plus particulièrement, en cette occasion, à vous exprimer ma reconnaissance. » Pourtant, la réconciliation franco-allemande a été mise au crédit exclusif du général de Gaulle...

Schuman ne recherchait ni la gloire ni la reconnaissance. Il ne les a pas eues – du moins pas en France. Seul François Mitterrand lui témoigna son estime. Il proposa de transférer ses restes au Panthéon, ce à quoi nous autres Lorrains nous opposâmes, préférant le conserver parmi nous. Il repose aujourd'hui dans une église fortifiée, à côté de sa maison de Scy-Chazelles, devenue « Maison de l'Europe ».

À comparer Schuman et Napoléon, et les résultats qu'ils obtinrent et léguèrent, qui dira lequel est le plus fort, lequel, le plus faible ?

CONCLUSION

De la vision darwinienne à la vision humaniste et spiritualiste, on passe de « mangez-vous les uns les autres » (la prédation) à « aidez-vous les uns les autres » (la solidarité), enfin à « aimez-vous les uns les autres » (la compassion). L'humanité, s'arrachant à la barbarie des origines, irait donc vers l'altruisme.

Des indices positifs laissent bien augurer de cette évolution. On ne s'étripe plus aussi abominablement sur les champs de bataille. Horrifié par la boucherie de Solférino, le 24 juin 1859, Henri Dunant s'engagea à promouvoir la convention de Genève et la Croix-Rouge. La peine de mort a disparu en Europe. Le colonialisme et l'esclavage sont derrière nous, même si le comportement de certaines multinationales, dans les pays du Sud, peuvent leur ressembler. L'égalité des sexes et des races n'est plus discutée dans les grandes démocraties, alors que le XIXe siècle la contestait encore vigoureusement. Le dialogue œcuménique et interreligieux, impensable il y un siècle, progresse lentement. L'action humanitaire s'intensifie partout dans le monde. On se mobilise face aux catastrophes naturelles : l'humanité entière manifesta sa solidarité face au tsunami qui ravagea il y a peu l'Asie du Sud-Est. Tout cela en deux siècles seulement, l'espace d'une seconde dans la longue histoire de la Vie. Une lame de fond nous porterait donc vers une société plus humaine. Et pourtant !

L'idéologie capitaliste a gagné le monde entier, mais, en même temps, s'est pervertie : le capitalisme financier, spéculatif, sans régulation ni limite, a engendré un matérialisme sans précédent et des inégalités inacceptables. Comme un cancer, il croît et prospère, mettant à sac et à sec les ressources de la planète. Mais quand les cellules cancéreuses ont tué l'organisme qui les porte, elles meurent avec lui. Et voici que le capitalisme si fort, si puissant est touché au cœur. Subitement fragilisé, il se réfugie sous la protection des États que, pourtant, il mettait un point d'honneur à mépriser.

Armes absolues du cancer capitaliste : la technologie et l'argent. La technologie est devenue le moyen infaillible de faire du dollar. Aussi l'a-t-on promue ultime finalité de l'aventure humaine. Toujours plus technologisé, l'homme moderne va-t-il succomber sous les gadgets de plus en plus sophistiqués qui finissent par constituer son seul horizon ? Ou, pis encore, dans quelque cataclysme nucléaire ?

Einstein, horrifié par les dégâts de la bombe atomique, nous mit pourtant en garde : « Le progrès technique, disait-il, est comme une hache qu'on aurait mise dans les mains d'un psychopathe. » Et encore : « Il est hélas devenu évident que notre technologie a dépassé notre humanité », dans une société caractérisée, selon lui, « par la perfection des moyens et la confusion des buts [...]. Le problème n'est pas l'énergie atomique, mais le cœur des hommes ». Des propos à méditer alors que le monde entier se rue sur l'atome, certes civil – mais le problème iranien montre combien est ténue la frontière qui le sépare de la bombe.

Cette bombe, il faut la désamorcer, au propre comme au figuré. Réguler enfin le libéralisme pour en gommer les excès : promouvoir le mutualisme et l'économie solidaire[1] ;

1. De grandes entreprises mutualistes comme la Macif, par exemple, témoignent que même dans un système de type concurrentiel d'autres options existent à côté des entreprises capitalistes de type classique.

réaffirmer le primat du politique sur l'économique ; apaiser le dialogue démocratique en passant de l'affrontement et des rapports de force à la recherche de consensus ; entreprendre enfin des négociations sur le désarmement dans un monde où les tensions internationales ne cessent de renaître et de croître ; atténuer le nationalisme exacerbé par les hyper-puissances pour renforcer la communauté internationale. Et si, dans deux siècles – encore une petite seconde dans l'histoire de l'humanité –, nous en arrivions là ?

À l'ogre nationaliste chinois, ivre de sa puissance, dédions le chapitre 61 du *Tao*, réminiscence de l'antique sagesse du Céleste Empire :

« Un grand pays doit être le lieu bas vers quoi tout s'écoule, un centre d'union pour l'Univers, la femelle du Monde. La femelle triomphe toujours du mâle par sa passivité. Passive, elle agit en s'abaissant. C'est pourquoi un grand pays qui se penche vers un plus petit l'attire à lui ; de même le petit pays, en s'inclinant devant le grand, gagne sa protection. Ainsi l'un accueille en s'abaissant, l'autre est accueilli en s'inclinant. Mais, pour qu'ils obtiennent ce qu'ils souhaitent, il faut que le grand pays s'abaisse [1]. »

1. Lao Tseu, *Tao Te King*, Dervy Livre, 1978.

S'incliner, s'abaisser : l'exact opposé de la « raison du plus fort ». Un mouvement auquel chacun de nous est invité. Ni « dessous », mû par l'instinct de domination et les forces obscures de la nature ; ni « dessus », mû par le froid orgueil de l'intelligence et de la raison. Mais « au milieu », là où bat notre cœur et où parle notre conscience : dans la nature et le divin !

Anne Frank, obligée de se cacher pour se soustraire au nazisme, ne distingue, de sa fenêtre, que le ciel d'Amsterdam. Elle écrit dans son journal : « Aussi longtemps que ceci dure [...] et que je puis en profiter, ces rayons de soleil, ce ciel sans nuage, il est impossible d'être triste. » Nous ne parviendrons pas à meurtrir la nature au point qu'elle parte avant nous. Elle sera toujours là. Mais notre imprudence pourrait nous en exclure, et nous faire disparaître avant elle.

Revenons à Einstein qui partagea cette belle intuition : « Un être humain est une partie d'un tout que nous appelons : Univers. Une partie limitée dans le temps et l'espace. Il s'éprouve lui-même, avec ses pensées et ses émotions, comme quelque chose de séparé du reste, une sorte d'illusion d'optique de la conscience. Cette illusion est une sorte de prison nous réduisant à nos désirs personnels et à l'affection de quelques proches. Notre tâche doit consister à nous libérer nous-mêmes de cette prison en étendant notre cercle de compassion pour embrasser toutes les créatures vivantes et la nature entière dans sa beauté [1]. »

Dans *Nature et spiritualité* [2], nous avons tenté de dégager les voies et moyens que toutes les grandes religions du monde ont proposés pour limiter l'agressivité et promouvoir la compassion, l'altruisme et l'amour. Oui, le moment est venu d'aller résolument vers une civilisation de l'amour. Et, pour l'atteindre, nous tous qui sommes si fragiles et faillibles, de comprendre que la foi en l'avenir, en notre avenir, qui fera notre force, est la raison du plus faible.

---

1. Citations d'Albert Einstein regroupées par Alain Rioux, psychologue canadien. *http ://www.psycho-ressources.com/bibli/albert-einstein.html* [24/01/2008]
2. J.-M. Pelt (avec Franck Steffan), Fayard, 2008.

Épilogue

En entreprenant cette trilogie : *La Loi de la jungle*, *La Solidarité*, *La Raison du plus faible*, nous entendions montrer que la nature ne se réduit pas au règne des plus forts. Elle met aussi en œuvre des mécanismes d'inhibition de l'agressivité, de coopération et de solidarité. Avec l'émergence de l'homme à la conscience, ces potentialités trouvent désormais pleinement à s'exprimer.

T. H. Huxley et les amis de Charles Darwin estimaient nécessaire, pour accomplir le destin de l'humanité, de faire en toute chose l'exact contraire de la nature. Nous ne les suivrons pas jusque-là. À leurs yeux, la nature était par essence mauvaise. Dans une telle optique, pourquoi la protéger ? Cette préoccupation-là était encore largement méconnue à cette époque.

À l'inverse, l'harmonie du microcosme (l'homme) et du macrocosme (l'univers) était une idée forte au Moyen Âge. L'« hypothèse Gaïa », qui envisage la planète comme un être vivant, quoique discutable, s'inscrit elle aussi dans cette manière de voir.

Aujourd'hui, la vision écologique a remis en cause la vision darwinienne de la loi de la jungle. Car dans la nature se dessine déjà, pour l'écologiste, les linéaments d'un vaste projet qu'il nous appartient de remettre sans cesse en chantier pour le faire aboutir : celui d'une humanité réconciliée avec elle-même et avec la nature, en profonde harmonie avec le Cosmos.

REMERCIEMENTS

Je tiens à exprimer mes remerciements à celles et ceux qui, par leurs conseils, ont contribué à la réalisation de cet ouvrage, et notamment Odette Brach, Denis Cheyssoux, Philippe Courbon, Maryvonne David-Jougneau, Didier Desor, Robert Fery, Jean-Louis Garillon, Chantal Jacquet, Serge Muller et Jacques Rocher. À tous j'exprime ma très vive gratitude.

Qu'il me soit aussi permis d'honorer la mémoire du grand paléontologue américain Stephen Jay Gould, dont je me suis inspiré dans plusieurs passages concernant le règne animal. Cet éminent spécialiste de l'évolution a su donner une dimension nouvelle et parfois critique au darwinisme dont il fut pourtant un fervent partisan. Ses chroniques mensuelles, publiées et traduites dans de nombreux pays, restent, pour les biologistes, une inépuisable source d'inspiration.

INDEX DU MONDE VÉGÉTAL

INDEX DU MONDE ANIMAL

INDEX DES LIEUX

INDEX DES NOMS DE PERSONNES ET DE PEUPLES

TABLE

DEUXIÈME PARTIE

Dans la société...

DU MÊME AUTEUR

Les Médicaments, collection « Microscosme », Le Seuil, 1969. *Évolution et sexualité des plantes*, Horizons de France, 2e édition, 1975 (épuisé).

L'Homme renaturé, Le Seuil, 1977 (grand prix des lectrices de *Elle*. Prix européen d'Écologie. Prix de l'académie de Grammont), réédition 1991.

Les Plantes : amours et civilisations végétales, Fayard, 1980 (nouvelle édition revue et remise à jour, 1986).

La Vie sociale des plantes, Fayard, 1984 (réédition, 1985).

La Médecine par les plantes, Fayard, 1981 (nouvelle édition revue et augmentée, 1986).

Drogues et plantes magiques, Fayard, 1983 (nouvelle édition).

La Prodigieuse Aventure des plantes (avec J.-P. Cuny), Fayard, 1981.

Mes plus belles histoires de plantes, Fayard, 1986.

Le Piéton de Metz (avec Christian Legay), éd. Serpenoise, Presses universitaires de Nancy, Dominique Balland, 1988.

Fleurs, Fêtes et Saisons, Fayard, 1988.

Le Tour du monde d'un écologiste, Fayard, 1990.

Au fond de mon jardin (la Bible et l'écologie), Fayard, 1992.

Le Monde des plantes, Le Seuil, collection « Petit Point », 1993.

Une leçon de nature, L'Esprit du temps, diffusion PUF, 1993.

Des légumes, Fayard, 1993.
Des fruits, Fayard, 1994.
Paroles de nature, Albin Michel, 1995.
Dieu de l'Univers, science et foi, Fayard, 1995.
Les Langages secrets de la nature, Fayard, 1996.
De l'univers à l'être, réflexions sur l'évolution, Fayard, 1996.
Plantes en péril, Fayard, 1997.
Le Jardin de l'âme, Fayard, 1998.
Plantes et aliments transgéniques, Fayard, 1998.
La Plus Belle Histoire de plantes (avec M. Mazoyer, T. Monod et J. Girardon), Le Seuil, 1999.
La Cannelle et le Panda, Fayard, 1999.
La Terre en héritage, Fayard, 2000.
Variations sur les fêtes et les saisons, Le Pommier, 2000.
À l'écoute des arbres, photographies de Bernard Boullet, Albin Michel Jeunesse, 2000.
La vie est mon jardin. L'intégrale des entretiens de Jean-Marie Pelt avec Edmond Blattchen, émission *Noms de Dieux*, RTBF/Liège, Alice Éditions, diffusion DDB, Belgique, 2000.
Robert Schuman, père de l'Europe, éd. Conseil général de la Moselle et Serge Domini, 2001.
Les Nouveaux remèdes naturels, Fayard, 2001.
Les Épices, Fayard, 2002.
L'Avenir droit dans les yeux, Fayard, 2003.
La Loi de la jungle (en collaboration avec Franck Steffan), Fayard, 2003.
Dieu en son jardin, Desclée de Brouwer, 2004.
La Solidarité chez les plantes, les animaux, les

humains (en collaboration avec Franck Steffan), Fayard, 2004.

Les Vertus des plantes, Éditions du Chêne, 2004.

Nouveau tour du monde d'un écologiste (en collaboration avec Franck Steffan), Fayard, 2005.

Après nous le déluge ? (avec Gilles-Éric Séralini), Flammarion-Fayard, 2006.

Ces plantes que l'on mange, Éditions du Chêne, 2006.

C'est vert et ça marche ! (en collaboration avec Franck Steffan), Fayard, 2007.

La Beauté des fleurs et des plantes décoratives, Éditions du Chêne, 2007.

Nature et spiritualité (en collaboration avec Franck Steffan), Fayard, 2008.

Composé par Nord Compo Multimédia
7, rue de Fives, 59650 Villeneuve-d'Ascq

Pour l'éditeur, le principe est d'utiliser des papiers composés de fibres naturelles, renouvelables, recyclables et fabriquées à partir de bois issus de forêts qui adoptent un système d'aménagement durable.

En outre, l'éditeur attend de ses fournisseurs de papier qu'ils s'inscrivent dans une démarche de certification environnementale reconnue.

Impression réalisée par
CPI BRODARD ET TAUPIN
La Flèche

pour le compte des Éditions Fayard
en décembre 2008

Imprimé en France
Dépôt légal : janvier 2009
N° d'édition : 01 – N° d'impression : 50235
35-57-3931-9/01